赢在未来

7步决胜互联网商业革命

何志康◎著

人民邮电出版社
北京

图书在版编目（CIP）数据

赢在未来 ：7步决胜互联网商业革命 / 何志康著
. -- 北京 ：人民邮电出版社，2016.2
ISBN 978-7-115-41489-2

Ⅰ．①赢… Ⅱ．①何… Ⅲ．①电子商务 Ⅳ．
①F713.36

中国版本图书馆CIP数据核字(2016)第003930号

内 容 提 要

本书内容详实全面，是不可多得的互联网思维论专著，它用“剥洋葱”的方式，由表及里、由浅入深、循序渐进地剖析了互联网思维。本书共分为7章，目录采用阶梯形式，从宏观的互联网思维入手，逐层深入。主题包括一种思维、两大趋势、三个核心、四个重点、五大模式、六个细节、七种思考，内容涵盖跨界、创新、大数据、用户、粉丝、专注、极致、口碑、快、免费、流量、迭代、平台、整合等多个方面，既有商界大佬们对互联网思维的解读，又有丰富、精彩的案例剖析，还有对互联网未来发展的探索。在书中，读者会看到传统企业如何实现颠覆与转型，会看到移动互联网产业是如何成长与创新的。

本书通俗易懂、深入浅出，旨在让每位读者都能轻松读懂互联网思维，把握互联网带来的新机遇，并从中获益。

◆ 著　　　　何志康
责任编辑　李士振
责任印制　周昇亮

◆ 人民邮电出版社出版发行　　北京市丰台区成寿寺路 11 号
邮编　100164　　电子邮件　315@ptpress.com.cn
网址　http://www.ptpress.com.cn
大厂聚鑫印刷有限责任公司印刷

◆ 开本：720×960　1/16
印张：15.5　　2016 年 2 月第 1 版
字数：298 千字　　2016 年 2 月河北第 1 次印刷

定价：48.00 元

读者服务热线：(010)81055296　印装质量热线：(010)81055316
反盗版热线：(010)81055315
广告经营许可证：京崇工商广字第 0021 号

前言

过去人们打招呼，总是问："你吃了吗？"现在人们打招呼，却在问："你看我的朋友圈（微博）了吗？"这说明了一种现状，那就是互联网思维已经无处不在。

那么，互联网思维到底是什么呢？它对我们的要求是什么？它又为何会产生如此巨大的影响力？这些问题回答起来十分费力，笔者在这里使用一个比喻来做具体说明。

甲在走路的过程中，是看着脚下的路慢慢走，只是偶尔看一下前方，以确保自己不会走错路。乙走路时却不是这样，他一直看着前方，大踏步前进，而且在这个过程中，他不时找到一些高点站上去，临高远眺，确立自己远方的目标。这个例子看起来与互联网思维风马牛不相及，其实却形象地解释了互联网思维的内涵，那就是快速和创新。当乙比甲走得快时，就体现了互联网时代下的快速思维；当乙总是看向远方且登高远眺时，就体现了互联网时代下的创新思维。

我们总是对BAT的奇迹羡慕不已，认为这三家巨头的运气实在是太好了。其实这只是一种十分片面的看法，任何一次成功都带有偶然的因素，但更重要的却是成功背后的准备与坚持。这正像是落到牛顿头上的那个苹果，真正成就牛顿的不是苹果，而是牛顿自身所具有的丰厚学识与锲而不舍的科学研究精神。

阿里巴巴的创始人马云曾经表示，他要让天下没有难做的生意。在马云刚开始说这话时，很多人都认为这是笑话。但是当马云带领着他的淘宝团队将电子商务扩展到大江南北时，人们却开始惊呼：网购时代到来了！马云在十几年前就能够看到网购的商机，并迅速创立了淘宝，成功抢占了电子商务市场，这其中的关键点有两个：一是眼光长远，二是快速进入。说白了，其实体现的就是快速创新的互联网思维。

笔者在多年的从业经历中，为很多企业策划过网络营销方案，在这个过程中也接触过不少传统企业。它们都具有很成熟的经营发展模式和很健全的人事管理制度，但在新时代的发展中，却体现出江河日下的不良态势，有些公司甚至濒临破产倒闭的边缘。这种情况的出现当然是很令人惋惜的，但它又存在着某种必然性，那就是这些企业并没有顺应互联网大势，完成互联网化的全新改造。

其实认识到互联网重要性的企业并不少，他们也有很强烈的自我改造愿望，但由于其对互联网思维的理解不深，无法做到基因层面的彻底转换，再加上互联网企业激烈竞争，所以还是无法达成自身的革新愿望。

本书从互联网思维的基本特点、发展规律、核心要素、重点内容、经典模式、细节洞察以及未来发展方向七个方面，展开详细论述。本书不仅为传统企业提供正确可行的互联网改造方法，而且为互联网企业提供快速发展的核心观念。推而广之，笔者希望本书可以达到如下目的：使每个读者对互联网思维都有一个较为清晰明了的认识，并能够做到在生活和工作中有效应用。

笔者真心希望本书可以成为一本互联网工具书，能够为每一位阅读此书的读者提供一定的实用价值。最后，祝大家工作顺利、生活如意，在互联网思维的指导下实现人生的成功！

目录

目录

目录

目录

目录

Chapter 5 五大模式——快速拆解互联网

目录

目录

目录

Chapter 1

一种思维——引发互联网革命变迁

1.1 一个信息不对称的商业世界

以前没有互联网的时候，用户如果买到一个不合心意的产品，而且又无法退货，最常见的应对方式就是自认倒霉，记住这一次的教训，并向周围的亲友抱怨一下。这种用户间的抱怨信息影响范围很小，不会对商家的经营活动造成很大的负面影响。正是由于商家和用户间的信息不对称，导致一些商家为了谋取更大的利益，“肆无忌惮”地算计用户，却不注重解决自身产品的问题。长此以往，我们生活的世界也就变成了一个信息不对称的商业世界。

但是，上述情况随着互联网和移动互联网的出现而发生了颠覆性的变化。互联网具有全民开放性、透明性以及共同分享性的特点，移动互联网具有实时链接和时间碎片化的特点。这些都为用户提供了最全面的产品服务信息，使得商家的信息垄断优势荡然无存，从而改变了用户和商家信息不对称的状态，开始进入到消费者权利时代。

消费者权利时代的表现主要有以下几点。

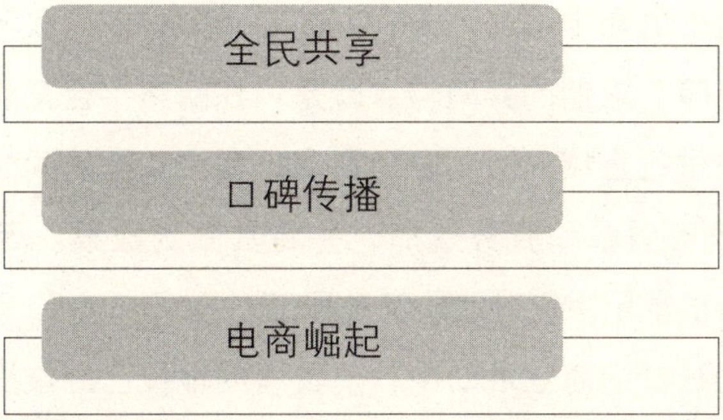

1. 全民共享

互联网上可以显示出每个人对所购产品的评价信息，并把它分享到其他用户那里。用户在购买产品之前，就可以查询到其他用户对该产品的评价，以此对产品做到全面的了解。这种全民共享的属性，可以使用户足不出户就了解到所有相关用户对该产品的使用情况。

2. 口碑传播

在互联网时代，只要有一个消费者对产品不满意，并将负面评价发布到网上，就会产生广泛的传播效应，使得其他消费者都能看到相关信息，发生连锁反应。这很容易导致消费者对商家产生极大的不信任感，并再也不购买该商家的产品，从而令商家破产倒闭。

口碑传播的影响实在太大了，它逼着商家不得不提升产品质量和服务水平，并针对消费者的不同需求采取灵活的营销策略，从而树立起良好的形象。

3. 电商崛起

随着互联网和移动互联网的不断发展与进步，一个有别于传统商业的新型商业群体开始兴起，那就是电商。电商的范围极为广泛，包括互联网平台上的淘宝电商、天猫电商和京东电商，以及移动互联网平台上的微商等。它们的共同特点就是依托网络平台开展交易活动，并可以与客户进行直接对话。电商在赢得客户青睐的同时，更加注重提高自身的服务质量和服务效率，并将其做到极致。因为就电商而言，其存在的根基是用户对他的满意程度。

在互联网社会的商业活动中，消费者的地位已经被提升到前所未有的高度。所有企业都要认真听取消费者的意见，满足消费者的差异化需求，如此才能在市场大潮的冲击下屹立不倒。这种情况说明，我们已经进入消费者主权时代。

1.2 传统与新兴激烈碰撞

在了解新兴的互联网企业和传统企业的激烈碰撞情况之前，让我们先来看两场有名的“赌局”。

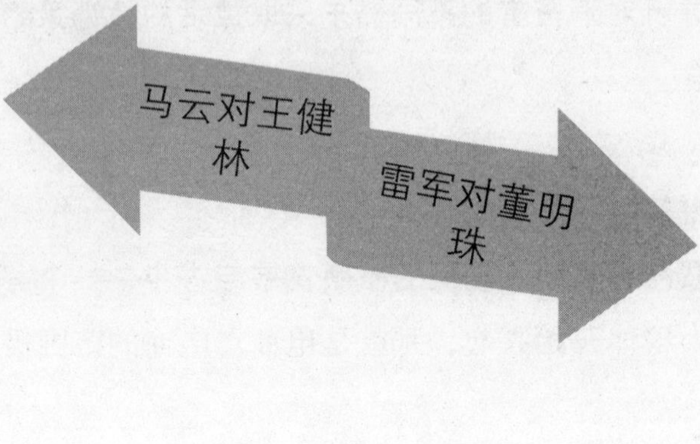

2012年12月的某一天，“2012中国经济年度人物”的评选活动正在进行，阿里巴巴老总马云和万达董事长王健林爆发了激烈的言语冲突。王健林声称，电商是不错，但总有它适应不了的业务。他可以与马云设立一个赌局，赌局的内容是：到2020年的时候，电商如果能占据50%的零售市场份额，他就给马云1亿元，反之，马云就给他1亿元。

马云则针锋相对，提出电商必胜的观点。他的看法是：“80后”“90后”的年轻人才是改变中国经济的关键。他会代表这些人的利益，最终战胜王健林。

2013年12月，又一届中国经济年度人物评选活动的现场，雷军和董明珠模仿之前的“马王对赌”，开始了新一轮的赌局。小米总裁雷军表示，五年之内，小米必将在营业额方面战胜格力。如果这个猜想实现，董明珠就要输给自己1元钱。

董明珠则对此表示了自己的不屑，认为1元钱的赌注完全是瞎胡闹，并主动将赌注提高到10亿元。她信心百倍地说，格力有23年的产业根基，并有不断创新开发的相关能力和有效的经营模式。格力拥有这么多优势，怎么可能会输?

这两场“赌局”产生的原因值得我们深思。新兴的互联网企业为何敢于向传统的巨头企业发起挑战?传统巨头企业又为何要应战?这无疑表明了一个现实，那就是新兴的互联网企业已经改变了搅局者的角色，开始真正作为行业巨头出现在大家面前，成为“市场蛋糕”的分割者。

新兴互联网企业如空降奇兵，对传统企业的经营发展造成了重大冲击，而且其中最为奇特的一点就是，这种冲击往往是看似不可能的跨行业冲击。例如，360本来作为网络优化工具出现，但当其推出免费杀毒软件时，立刻对收费的金山杀毒和瑞星杀毒造成了毁灭式冲击；微信本来是作为社交平台出现的，但当微商出现时，立刻对零售行业产生了极大冲击。

互联网企业就像雨后春笋，纷纷出现在人们面前，并在人们还未察觉之时，抢占了传统企业的既得市场。面对这种严峻形势，传统企业当然不会坐以待毙，而是会积极应对，与互联网企业展开激烈的竞争，以此来保持自己的市场地位。但是在笔者看来，互联网已经是大势所趋，传统企业要想保持竞争力，就要顺应潮流，使自身实现互联网化，以此来应对互联网企业的挑战，这才是未来商业发展的大势所在。

1.3 患上“互联网焦虑症”的传统企业

当互联网大潮开始对原有市场进行冲击时，互联网企业固然是如鱼得水，成为时代潮头的天之骄子，但是传统企业也并未认输，而是开始积极摸索应对措施，努力实现自身的转型。这就是现代商业社会奏响的“二重奏进行曲”，两种声音交相辉映、慷慨激昂。

当天猫在“双十一”一天的时间里实现350亿元的销售额时，当人们对媒体的接触习惯已经变为微博和微信时，当人们在余额宝中存钱支付时，传统企业已经认识到，这个时代是一个激烈变革的大时代，自己正处在转型的十字街口，其中蕴含的商机很多，但是挑战更是不容忽视。

很多传统企业带着这种清醒的认识，开始向互联网化的方向迈进。他们试着进军电子商务领域和新媒体营销领域，但也许是因为“水土不服”的影响，并没有取得很好的效果。这种努力了却未得到相应回报的状态，使很多传统企业对于互联网变革产生了进退两难的心理，进而患上了一种疾病——“互联网焦虑症”。

一些投资机构并未意识到传统企业所面临的两难境地，而是固执地认为，传统企业拥有良好的商业基础，其成功转型必将使企业实现进一步的提升。但是，投资者们并没有看到问题的关键所在，那就是传统企业的互联网转型需要历经磨难，而且是否转型成功也是未知数。就拿受到电商冲击最严重的传统零售业来说，成功实现互联网转型的企业可谓少之又少，能举的例子也就苏宁云商、银泰百货等几家商城。其他企业中，有些在转型的过程中迷失了方向；有些因为积弊过多，丧失了前进的动力；有些由于忽视自身的发展状况，在转型后成为一个不伦不类的“怪物”。

但是，即使面对这样的窘境，传统企业依然不能停止向互联网化前进的步伐。因为在互联网大势之下，传统企业原地踏步并不意味着它的发展停滞，而是意味着它的迅速死亡。传统企业如果不向互联网转型，就好像是落在温水中的青蛙，不断提高的水温必定会将其烫死。

面对着“要么胜、要么死”的选择，传统企业必须克服自己的“互联网焦虑症”，抱着最坚定的信念进行最彻底的改革，将企业的每个基因都转换为互联网基因。只有这样，传统企业才能真正实现互联网转型，并取得更好的发展。

1.4 转型、颠覆，然后重建

传统企业若想完成互联网转型，就要经历一个艰难复杂的过程。其中较为关键的步骤就是，对企业商业经营模式、公司组织机构以及企业独有文化等各方面因素进行推倒重建，以此来实现全方位的互联网转型。这是传统企业在达成互联网转型之前必须跨过的“门槛”。具体来说，这些“门槛”大致可以分为三道，它们分别如下。

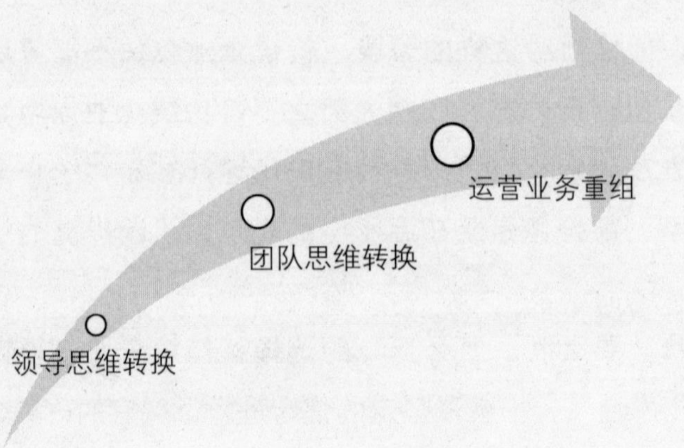

1. 领导思维转换

一个企业的发展和进步，更多取决于企业领导者的有效引导。“企业家封顶”理论告诉我们：企业领导者的梦想、愿景和个人水平层次，决定了企业本身能够到达的高度。在企业进行互联网转型时，企业领导者发挥着不可替代的作用。领导者对于转型紧迫性的理解和转型方式方法的解读，在很大程度上决定了企业转型能否成功。所以，传统企业在向互联网转型之前，企业的领导者必须先做到思维模式的互联网转换。只有这样，才能为企业的转型打下一个坚实的基础。

2. 团队思维转换

当企业领导完成自身的互联网思维模式转换后，下一步就是整个企业团队的思维转换。这其实已经涉及组织的范畴，包括人员培训、制度创建和文化设计等各方面内容的革新。换句话说，就是在领导完成了个人的思维方式转变后，整个企业团队也要完成其思维方式的转变。

新东方的掌舵人俞敏洪曾经说过，自己的惯性要想被改变是很难的，然而更难的是改变整个新东方团队的惯性。但是这些事情还是要去做，因为如果不能改变，就只能落后于时代，眼睁睁看着新东方被优才网、沪江网等新晋者超越。

人都是有惯性的，团队组织也是一样，而且组织的惯性更难被改变，因为它代表了一种集体的固有思维。然而，无论团队思维转换的过程有多难、多痛苦，企业还是要把它完成，因为这是传统企业通向互联网转型的必经之路。不完成这一步，企业的互联网转型只能流于空谈。

3. 运营业务重组

如果说领导思维转换是第一步，团队思维转换是第二步，那么运营业务的重组就是第三步，也是企业走向成功前的最重要一步。所谓运营业务重组，就是指将企业各方面的业务与互联网相融合，做到用互联网思维经营产品、打造品牌，以及提供互联网化的特色服务。这一步包含着企业经营业务的全方位重组，只有在完成了这一步后，企业才真正完成互联网转型。

1.5　大佬们眼中的互联网思维

在市场发展日新月异的商业社会，“互联网思维”已然成为一个热门时尚的观念，它不但受到包括马化腾、马云、李彦宏以及雷军等在内的互联网相关行业翘楚的青睐，而且还受到传统行业巨头，如海尔张瑞敏、格力董明珠等人的力捧，这些大佬们纷纷提出了自己的“互联网思维”。在这里，笔者选取了目前影响力较大的几种观点，来和大家一起探讨一下大佬们是如何看待互联网思维的。

1. 雷军的“七字诀”

小米的领袖雷军提出了互联网思维的“七字诀”，即专注、极致、口碑、快。

专注	企业做好产品服务定位，并将自身资源倾注到相关产品服务上，做到专心经营一种业务

极致　企业将自身每一方面的产品服务都做到极致水平，全面超越竞争对手的经营高度

口碑　企业为客户提供最好的服务和相关产品体验，以此来吸引客户注意，提高他们的满意程度，从而树立起自身的营销口碑

快　企业的软件和硬件产品能够及时完成更新换代，以此来提升经营效率，为客户提供更加快捷方便的服务

2. 张瑞敏的“三无论”

海尔集团的首席执行官张瑞敏认为，互联网思维意味着传统企业的颠覆。“三无”就是这种颠覆的典型代表。所谓“三无”，就是指企业无边界、管理无领导、供应链无尺度。

企业无边界　互联网的飞速发展为商业活动开启了一扇大门，企业在之后的经营行为转变为以自身资源为依托在并联生态圈内的发展

管理无领导　企业基层成员由事事依从上级命令的状态，变成时时倾听客户的意见和需求

供应链无尺度　产品的供给对象范围扩大，变成了所有网络用户，此种情况逼得企业要做到由开发到制作的全方位革新

3. 马云的“思想革命”

马云在谈到互联网思维时，坚定地认为它是一场“思想革命”。

具体来说，就是指互联网和企业思想是能够实现融合的，企业的文化、组织和产品都能被这种新思维囊括进去，从而做到全方位的改革创新。在马云的认知中，互联网企业中流行的跨界模式、大数据管理模式、资源整合模式以及快速迭代模式，都是这种“思想革命”的一部分。正像他自己说的那样：“这世界没有传统的企业，只有传统的思想。”

4. 周鸿祎的“四个词语”

奇虎360总裁周鸿祎为互联网思维总结了“四个词语”，它们分别是“商业模式”“创新”“用户”和“产品”。

商业模式	商业模式并非简单的赚钱模式，而是指企业通过全方位的改革创新，从产品、客户、营销手段以及收入模式等各方面进行总体考量，从而采取的综合性发展战略
创新	创新是指企业在互联网的大环境下进行的自我创新，包括技术创新、思维模式创新以及经营手段创新等诸多内容
用户	在互联网时代，用户是企业发展壮大的基础。只有不断满足用户的具体需求，重视提升他们的体验效果，才能使企业取得成功
产品	产品的优劣是企业赢取目标市场的关键所在。企业在经营过程中，不但要做到提升产品质量，更要做到快速创新，不断迭代，只有这样，产品才会赢得用户的青睐

除了上述几种主流观点以外，业内还有两点争论存在。

“互联网思维”等同“创新思维”

“互联网思维”不具有普及价值

万达集团的老板王健林并不认同“互联网思维”的提法，他觉得“互联网思维”其实等同于“创新思维”。这种“创新思维”并非互联网公司所独有，它同样适用于其他行业。所以，“互联网思维”是不存在的，如果硬要说的话，应该是“互联网创新”才对。

一些经营者认为，“互联网思维”只对个别企业有效，没有普及开来的价值。比如百度、阿里巴巴和腾讯等互联网公司，更多是因为其占领了相关市场的最尖端位置才取得了成功，这种经验不适用于其他公司。

总而言之，尽管大佬们对“互联网思维”的看法各异，但此种思维已经成为现代企业创新发展的必备模式，它不但为技术革新和产业升级提供了重要助力，而且对社会各行业的发展进步产生了十分重要的积极影响。

1.6 互联网思维让商业回归人性

马克思理论中很重要的一条准则就是：生产力决定生产关系。这句话放到互联网的发展进程中同样有效，那就是互联网的技术特点在某种程度上决定了其在商业方面的应用思维。用一句通俗一些的话来说，互联网思维的产生已经使商业回归了人性。

之所以这么说，主要依据以下两点。

1. 平等

互联网具有网状结构的特点。在它的体系中，没有中心节点的存在。点与点之间虽然存在着权重差异，但是没有任何一个点能够成为真正的权威。这种特点体现了互联网发展的内涵——平等。

在互联网思维中，平等是一个很重要的基本准则。商家和客户在网络上进行交易时，无论是从两者所掌握的信息量，还是从他们之间交流互动的方式上，都是平等的。商家无法像过去那样利用信息不对称的优势压榨客户，而要以高质量的产品和真诚的服务来打动客户，进行人性化经营。客户也可以从商家那里得到自己最满意的商品和最贴心的各类服务，并在网络上传播商家的好评信息，从而为商家做无形的产品宣传。这就使买卖双方实现了互联网思维下的交易平等。

2. 开放

在互联网模式下，现代社会越来越呈现出网状化发展趋势。连接点的辐射范围和连接密度，决定了每个“个体”和“企业”所能产生的真正价值。所以商家若想提高自身的商业价值，就要使自己的连接变得更广、更密，以此来获取足够丰富的信息含量。反之，如果商家不能抱着一种向大众开放的心态，就无法获得更多的连接机会。所以，开放成为互联网思维中另一个重要的组成方面，对商家的生存和发展有着重要影响。

互联网商业的发展模式其实就是平等和开放的发展模式。平等和开放凑到一起，就组成了民主，民主又代表了人性化。因此我们可以说，互联网思维最终带来的是人性化思维。它代表了人性的归来，使商业回归到人性的范畴中来。

农民和土地是农业时代最为关键的资源；资本、机器和被流水线化的工人是工业时代最为关键的资源。到了现在的互联网经济时代，庞大的网络用户群才是最为关键的资源。如何争取到他们的支持，从而实现经济创收，是广大商家迫切需要解决的问题。

1.7 开启新商业时代

互联网思维究竟是一种什么样的思维？尽管现在很多人常把“互联网思维”一词挂在嘴边，但对于出生在互联网时代的人们来说，这种思维其实是不存在的，因为这些人就生活在这种思维中，就像我们就生活在空气中一样，它是一种客观、普遍的存在，不需要被强行下定义。

曾几何时，互联网思维被众人顶礼膜拜，这种现象并不是偶然的，因为互联网确实为这个世界带来了天翻地覆的变革。

2013年8月，亚马逊以2.5亿美元将享誉美国一百多年的《华盛顿邮报》收购。

2013年9月，微软将曾风靡全球的诺基亚收购，为一个时代的标签画上了句号。

除了被收购，许多曾经享誉世界的大牌企业还遭遇了停业、贱卖、大幅度裁员等不幸事件。想想其曾经的辉煌，再看看如今的悲凉，不禁让人嗟叹。

让我们把视线转回国内。国美电器与苏宁电器鏖战十几年，眼看就要迎来胜利的曙光，突然半路跳出一只“猫”（天猫商城）、一只“狗”（京东商城），所有的鲜花、掌声被迅速夺走。究竟发生了什么事情呢？让我们一起来看一看！

还是2013年，天猫商城在11月11日这一天宣布，其在24小时内的交易总额超过了350亿元人民币。

2014年5月，京东商城在美国纳斯达克成功上市，截至当时，市值超过430亿美元。

原本是一个时代的强者，却在一瞬间轰然倒塌，这是为什么？其实原因并不复杂——时代变了，一个叫做互联网的家伙出现，向这个世界宣告："这是我的时代！"并以触目惊心的方式展示出它多年的战绩。

世界著名的管理学大师彼得·德鲁克说过这样一句话："一个企业只能在企业家的思维空间里成长，一个企业的成长被其经营者所能达到的思维空间所限制！"当互联网出现时，这个时代的节奏已然加快，如果企业跟不上这个时代的速度，那么它只能被潮流所淹没。正如马云所说："不是马化腾的企鹅厉害，我马云更没有什么，而是时代厉害，我们只是顺应了时代的潮流！"

一个人或一个企业的成功与没落，很多时候并不是因为它强大或无能，而是因为它身在那个潮流之中。互联网潮流来了，它用更加平等、民主、个性、多元化、有温度感的方式让信息流通并提速，让人们的沟通更便捷，让这个时代的创造力更强大。以前，我们用重型机器、广袤的土地来创造财富；现在，我们只要一根网线、几台电脑就能服务千万人，快速获得巨大的回报。而这，就是互联网的威力，是这个时代的威力！

值得庆幸的是，我们生活在这个时代，互联网已经不再是一项工具，它已然成为我们的生活方式、思维方式。我们用它在网上购物，省去了去零售店的不便；我们用它与亲朋好友沟通，省去了付话费打电话、写纸质信件的麻烦；我们还用它来阅读，省去了买报刊、图书的负担……这些变革来得那么悄然，带来的影响却是轰轰烈烈的。它告诉我们：互联网思维就是一股时代的潮流，我们只要做好自己，乘着浪潮勇往直前就对了！

1.8 【苏宁】顺势而为的转型之路

在互联网浪潮的冲击下，国内知名的零售商苏宁开启了转型之路——由传统零售商向互联网零售企业转型。正所谓万事开头难，从2009年开始，苏宁一路受挫，业绩下滑甚至亏损，引发了外界一片质疑。然而在2014年，苏宁公布了一项数据：其营业总额超过1000亿元，同比增长3.63%，其中净利润高达8.61亿，同比增长131.53%。这项数据也向外界宣告了这样一个事实：苏宁成功实现了互联网零售

定位鲜明，坚持到底

把握先机，顺势而为

继续超越，全面推进互联网思维

的转型。当然，苏宁的成功并不是一蹴而就的，这与其多年来的不懈坚持、战略布局等有着密不可分的关系。

1. 定位鲜明，坚持到底

在转型初期，苏宁控股集团的董事长张近东就旗帜鲜明地表示：苏宁要做中国的“沃尔玛+亚马逊”，由此确定了苏宁的定位。在互联网时代，“趋势取代优势”是一个不争的事实，企业选择转型道路并不可怕，可怕的是在转型过程中迷失方向。从2009年到2014年，苏宁为了坚守自己的方向，经历了利润下降、用户吐槽、舆论诟病、投资者质疑等诸多压力，但在结束了艰辛的过程后，它最终迎来了掌声。这就是精准定位的力量。

2. 把握先机，顺势而为

还未转型之前，苏宁线下的门店正开展得如火如荼。但是它预见到互联网电商未来的发展趋势，毅然决然地乘上了这股新兴的浪潮。这种顺势而为的举动使苏宁赶上了互联网经济的步伐，成功走在了时代的前沿。用张近东的话说就是：“正是因为那时的决定，我们赢得了转型的时间，赢得了战略回旋的空间。”

3. 继续超越，全面推进互联网思维

成功转型之后，苏宁进一步调整了自己的战略方针：不只是要做中国的“沃尔玛+亚马逊”，现在的目标是要超越它们。张近东将2014年作为苏宁的“弯道超越”阶段，而在2015年，苏宁要进入“直道”，猛踩油门、一路狂飙，快速推进互联网思维。在云计算、大数据、O2O、开放平台等互联网应用技术方面，苏宁已经越来越成熟，这使得其线上、线下的融合也变得越来越顺畅。随着后台物流、资金流、信息流的互联网化，苏宁将以更开放的姿态推进互联网思维，为用户带来更好的购物体验，不再区分线上、线下，从而进入O2O深度融合的发展阶段。

1.9 【万科企业】如何用互联网思维改造自我

房地产是中国的支柱产业之一，在互联网浪潮越来越猛的当下，如何捍卫自身的领先地位，成为房地产业界备受关注的焦点。作为国内最大的专业住宅开发企业，万科企业开始深度思考房地产行业转型的问题。

其实早在2009年，万科企业就开始尝试互联网营销。之前，万科有一个名为“金色里程”的房产项目，该项目位于南京，由于所在区域是集体土地，以小产权房为主，地理位置及周边环境较差，就算每平方米的价格只有6000元左右，也很少有人买，因此出现了滞销现象。2009年9月，该项目重新开盘，定价10570元/平方米，毛利率为14.5%，共234套，竟然掀起了千人抢房的风潮。原因何在？这就要归功于对互联网思维的运用了。在重新规划“金色里程”的项目中，万科企业充分发挥了互联网媒体的力量。

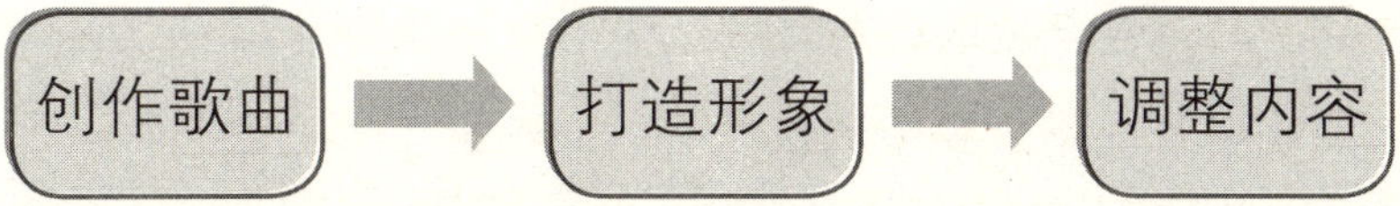

首先，它请南京本土的一个说唱团体为该项目创作了一首诙谐的南京方言版歌曲——《房的一米》，搭配生动的FLASH动画，在互联网上广泛传播开来。曲子虽小，却唱出了南京人普遍的刚需心声，这就为项目的宣传打响了第一枪。

其次，万科企业还打造了“万科小红人”形象，精心设计示范区，采用年轻人喜闻乐见的方式来布置售楼处、装修样板间，这种做法不仅在消费者心中快速树立起品牌形象，而且很好地迎合了客户的喜好。

最后，在推广项目时，万科企业调整了产品内容，以70平方米的复式两房、108平方米的三房为主，还额外赠送面积，极大地提高了客户的购房积极性。此外，万科还通过上街派发红玫瑰、在网络社区平台上进行话题讨论等方式拓展客户群，为项目做足了营销。

有数据显示，在该项目结束后，万科企业的互联网推广成绩有：在西祠胡同上转帖300个讨论版，在谷歌上的搜索量达1320万条，在365地产家居网首页的相关讨论连续15天不间断，就连歌曲的创作者都会在一天内接受无数媒体的专访。由此我们不难看出，万科企业对互联网思维做到了成功应用。

尽管万科早已尝到互联网营销的甜头，但是随着近些年来互联网的日益崛起，越来越多的业内企业开始进军互联网，竞争压力日渐高涨。在2013年年末，万科地产董事郁亮就对房地产的未来产生了这样的忧虑：房地产业会不会出现像“小米手机”一样的搅局者？会不会有人用互联网思维打破房地产业的传统秩序？万科企业的行业模式会不会受到威胁，甚至被取代？带着这些担心，2014年年初，万科高层管理者拜访了互联网企业中的佼佼者，如腾讯、阿里巴巴等。那么，万科企业该如何利用互联网思维来进一步改造自我呢？我们先从房地产当下的互联网营销现状说起。

事实上，在传统行业中，房地产业走在互联网领域的前列，像搜房、新浪乐居、365地产家居网等都是业内较知名的媒体类房地产互联网公司。这些公司为众多房地产企业提供了投放广告的平台，从而拉近了传统产业与互联网的距离。有调查显示，目前国内的一些主流城市中，房地产业在网络广告方面的投放份额基本上都是用亿来计算的，以南京为例，房地产网络广告份额最少也有3.5亿元。二线城市尚且如此，更不用说北京、上海、广东、深圳等一线城市了。然而这些数字看似风光，其背后所隐藏的畸形互联网营销现状却不容忽视。

具体来说，房地产传统媒体的弊病归纳起来大致有以下这些方面。

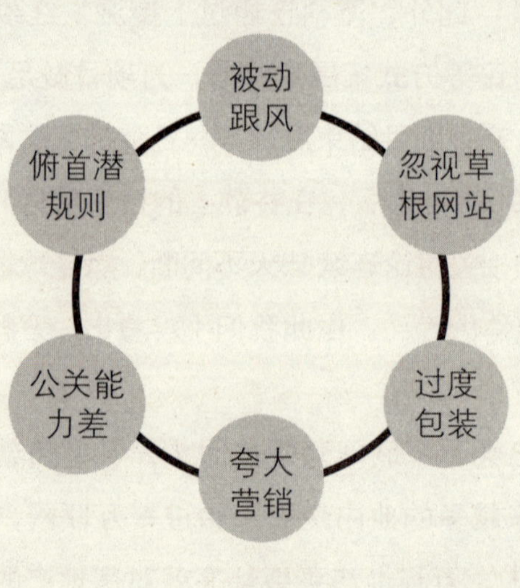

1.被动跟风

互联网产品跟风现象明显，传统房地产企业只能被动接受。

2.忽视草根网站

传统房地产企业过分迷信房地产网络垂直媒体的专业性，而忽略了其他一些更生活化、更具创新意识、目标客户群更集中的草根网站。

3.过度包装

一些房地产网络媒体过度包装、推广“房地产电商”这一概念，数据造假现象屡见不鲜，从而丢失了原本的媒体属性与公信力，不利于房地产行业的良性发展。

4.夸大营销

一些房地产企业把精力放在夸大互联网营销方面，忽略了产品质量问题，自毁品牌形象。

5.公关能力差

一些房地产企业危机公关能力较差，动辄封杀、威胁媒体，不恰当的处理方式容易引起更大的矛盾冲突。

6.俯首潜规则

一些房地产媒体在利益的驱使下迫使企业俯首潜规则、粉饰太平，造成房地产业乱象丛生。

在当前的状况下，传统房地产企业若想利用互联网思维来改造自我、颠覆自我，就要大胆创新，进行多元化的跨界组合。这不仅包括产品本身的创新与颠覆，还包括产业链的创新与颠覆。我们以互联网电视为例，以前电视就是电视，现在电视的功能与互联网对接，给用户带来更丰富的体验，这是产品方面的创新与颠覆；以前电视从生产到销售，过程十分简单，现在随着互联网电视的诞生，其背后相继出现的影视制作、软件开发、电子支付等体系也完全脱离，原有的生态模式，这就是产业链方面的创新与颠覆。

作为房地产行业中的代表之一，万科企业是以怎样的方式进行互联网思维改造的呢?

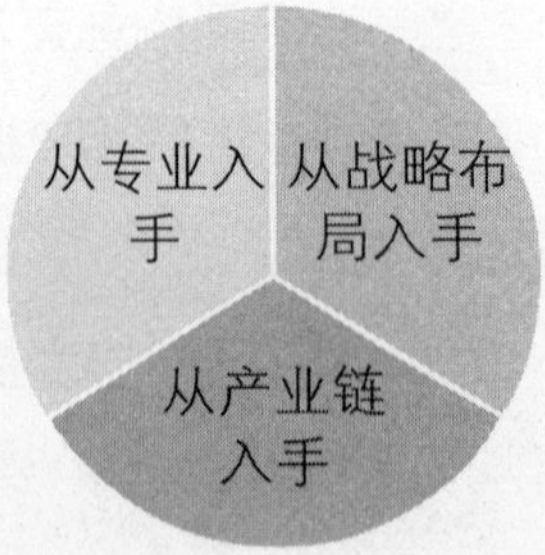

1. 从专业入手

万科集团拥有独立的产品研发中心，利用自身专业的房产建筑理念，在满足客户基本需求、成本可控的前提下，不断创新，打造极致的产品。例如创造了超小户型产品，为客户带来耳目一新的感觉。

2. 从战略布局入手

万科集团将互联网科技与城市建设结合起来，提出了城市配套服务，如打造四季食堂、快递代收、万物仓等，将线上、线下融为一体，为客户带来更丰富的体验。

3. 从产业链入手

万科集团充分利用自己的良好口碑、优质的物业服务等特点，将每个业主都当做互联网的种子客户，开展互联网营销。它创办了自己的刊物《万科周刊》、专门服务业主的万客会等，这些都有助于在房产业务方面开拓新的产业链。

当然，除此之外，万科集团还有很广阔的转型空间，通过互联网将自身的显著优势传播开来，有助于万科集团在互联网群体中成为焦点，并挖掘出更多的潜在客户。

Chapter 2

两大趋势——奏响互联网思维总旋律

2.1 跨界趋势

在过去的十几年时间里，很多管理优秀、实力强劲的传统企业逐渐失去了它们的市场优势，甚至沦落到破产倒闭的地步。这里面有不少原因，但最关键的一点，还是在于新兴互联网企业的强力冲击。这些互联网公司横空出世，发展极为迅速，而且在其发展过程中展现出“蛮不讲理”的跨行业竞争特点。一些掌握着优势市场资源的传统企业巨头，在与互联网公司的竞争过程中也纷纷落马，造成了大量的“商业惨案”。那么，互联网企业的跨界优势是怎么来的？传统企业面对这种跨界竞争时，真的就没有应对办法了吗？笔者将在本节中对上述问题进行具体论述。

2.1.1 互联网的跨界颠覆从自我开始

我们在做任何事情的时候，都需要有一个理想的开端。良好的开端能够保证我们将事情顺利地做下去，从而更容易取得成功。那么，企业若想顺应互联网发展大势的需要，实现自身的互联网转型，应从何处着手呢？这个问题其实很简单，答案就是企业的自我颠覆。

华为之所以能够实现多年的持续发展，其根本原因就在于其自我批判性和自我颠覆性。2000年，在华为成立13周年的时候，其销售额达到了220亿元，利润达到了29亿元，成功跃居全国电子百强的第一名。但就在此时，华为老总任正非却发出一封以“华为的冬天”为标题的内部信件，呼吁所有华为员工居安思危。这个举动产生了广泛的社会影响，使很多IT公司也由此认识到一个事实：在企业一团锦绣的发展表象下，危机意识至关重要。

华为的做法告诉我们，危机感才能造就伟大。正是由于华为老板任正非时刻存在着对企业发展的危机感，不断进行自我否定和自我提醒，并使其发展成为华为整体团队的自我颠覆意识，才使得华为这艘大船能够劈风斩浪，在商海上不断前行。

无论是传统企业还是新兴的互联网企业，都需要彻底从安逸感和惯性思维中走出来，并对自身的发展模式和经营成果进行不断的颠覆。只有这样，才能不断改进企业的产品经营模式和思维方式，更好地适应互联网潮流的发展趋势，最终实现自身的全面发展。

2.1.2 跨界思维下的战略新境界

在互联网经济时代，企业跨界已经成为一种时尚。在大家的认知中，好像没有跨界的企业就是不成功的企业。但是企业跨界并不是一件简单的事情，重点在于企业能否树立正确的跨界思维方式。换句话说，就是企业能否做到整合资源。

整合资源就是将自己的优势资源与其他企业的优势资源进行互补式交换，从而达到最优化的资源分享，产生共赢效果。具体来说，需要注意以下几点。

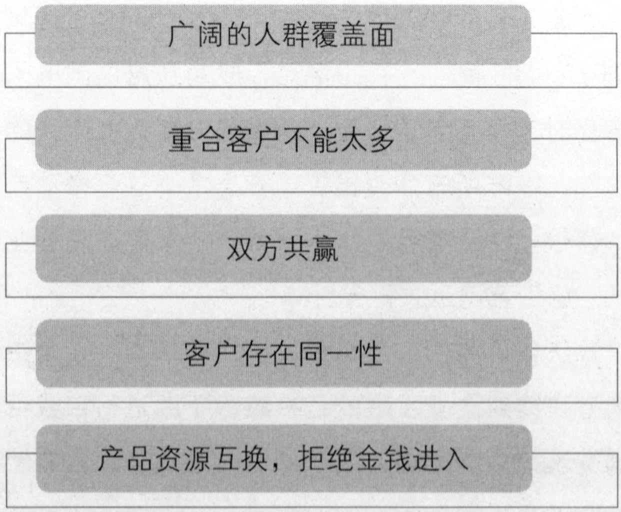

1. 广阔的人群覆盖面

企业间若想实现合作，需要有一定规模的客户群作为前提条件和必备基础，不然就失去了合作的必要。只有双方的合作能够吸引到更多客户关注时，才能达到预期的合作效果。

2. 重合客户不能太多

两个企业进行跨界合作，其中一个很重要的目的就是开拓不同的目标客户群。如果双方的客户群存在着太多的重合，合作就无法达到拓展客户群的目标，从而失去了它的价值。

3. 双方共赢

企业间的跨界合作其实就是要创造双方的经济收益，以此达到各取所需、皆大欢喜的积极效果。如果只是其中一方受益，而另一方亏损，合作的基础就将不复存在。

4. 客户存在同一性

双方的目标客户群在某些方面需要存在同一性，这样才会使客户乐于接受双方的产品合作模式。例如某些客户既喜欢吃泡面，又喜欢看视频。泡面商家可以与视频网站进行合作，以播放泡面视频的方式吸引他们的注意，从而产生良好的宣传效应。

5. 产品资源互换，拒绝金钱进入

产品与相关资源的互换合作才能产生最优化的合作效果，金钱的进入会产生不必要的纠纷，反而会使合作趋向于复杂化。

总而言之，跨界合作是跨界思维下企业自身发展和开拓市场的最优战略，只要企业将此种模式运用得当，必将对自身的经营发展产生积极的作用。

2.1.3 找准跨界入口，把握制胜机遇

在前文中笔者提到，企业跨界的重点在于整合资源，而要做到整合资源，就必须注重提升经营生产效率。在当前的经济形势下，不管是传统企业的转型还是互联网公司的抢占市场，若想真正达到目的，就要从自身的产业低效点出发，做到有效改进低效点，这才是企业提升经营生产效率的关键。那么，究竟什么是低效点呢?

所谓低效点，就是指产业内部所固有的影响产业发展的阻碍因素。它的存在会降低产业的运转效率，对产业的发展产生十分不利的影响。相信大家对传统的火车票售票模式并不陌生，这种模式要求人们在火车站排队买票，很多人天不亮就到了火车站，辛辛苦苦排了几

个小时的队，结果却不一定能买到票。这种售票模式就存在着低效点问题，无论对买票人还是卖票人来说，都很不方便。当然，铁路部门也认识到这个缺陷，于是积极制定改进措施。

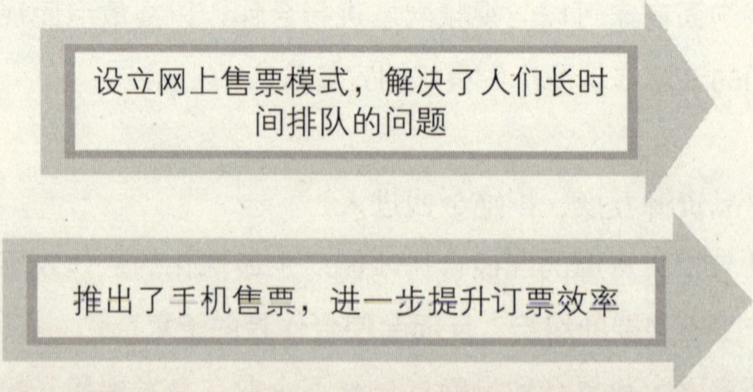

从上述实例中我们可以看出，低效的传统售票模式是人们不满意的焦点所在。买票人因为需要排长队买票且无法得知售票信息而不满；卖票人也会因为工作无效率、事倍功半而不满。铁路部门正是认识到这个问题，采取积极推进网上售票和手机售票等办法，做到了顺应互联网思维发展的大势，从而实现了集中突破。

企业中往往存在着经营链条的低效环节，而互联网颠覆的重点，恰恰在于对生产关系进行重新构建，提高企业的经营效率和构造效率。所以，企业若想真正实现自身的发展，就要注重运用互联网思维，改变以往的产业低效点，提升工作经营效率。与此同时，这种做法也是企业进行跨界发展、寻找跨界突破口的重要途径。

2.1.4 搭乘“互联网+”的新列车

“互联网+”的英文是“internet plus”，“+”的含义绝非加号或加法，它的真正含义是“化”（plus）。因此，“互联网+”的整体解释就是互联网与社会各个产业部门的连接与融合。

“互联网+”的大潮已经伴着互联网的广泛使用而传播开来，为我们提供了全新的发展模式和丰富的经营选择。这些模式和选择主要包括以下几个方面。

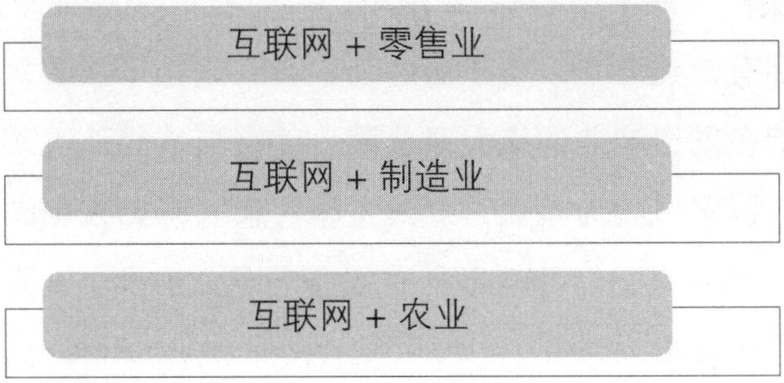

1. 互联网+零售业

可以说，互联网为零售商家和消费者提供了最为方便快捷的网上交易平台，使他们可以在平台上完成直接交流和线上成交。这种模式的典范，从远处说有淘宝、天猫、京东等网商，从近处说有依托于微信平台的微商。它们都是“互联网+零售业”模式的成功案例。

2. 互联网+制造业

互联网化对传统产业的影响主要体现在“逆向化”趋势。所谓“逆向化”，就是从客户的具体需求出发，层层向上，最后倒逼产业进行转型和升级。放到制造业身上，就是下游销售环节和中游流通环节的数据化模式，倒逼制造业向着柔性化生产和个性化生产的方向转型，以便更好地适应互联网化的发展需要。

3. 互联网+农业

互联网化的浪潮对农业的影响十分巨大。当“互联网+农业”出现时，它颠覆性地改变了以往的农产品销售模式和经营模式，使得农业向着电子商务化和电子管理化的方向迈进。其中最典型的案例就是“淘宝村”的奇迹，以及“手机管理农田”模式的出现。

“淘宝村”最早出现在2009年，当时苏北小村庄东风村的家具产业从无到有，建立了以电子商务为中心，囊括了快递、代运营、原料供应等诸多周边产业的庞大商业圈，使得当地经济进入了飞速发展的快轨道。以东风村为起点，“淘宝村”模式开始在中国大地上遍地开花，截至2014年，“淘宝村”的数量已达200多个，遍布福建、广东、河北等10省市。

显而易见，“互联网+”的影响已经渗透到社会的各个角落，并且充满无数的机遇。我们必须顺应这种发展形势的要求，努力实现自身产业与互联网的连接融合。只有这样，我们才能达到发展自身的目的。

2.1.5 且跨且融合，移动互联就是现在

当智能手机出现的时候，我们以往的思维模式都被颠覆了。这个小小的机器改变了以往的互联网格局，重组了全世界的移动互联网结构。现在，人们似乎已达成共识：若想扼住互联网发展的脖颈，就要掌握手机客户端。

智能手机为什么会产生如此巨大的影响？答案就是它带来了一个全新的概念，那就是移动互联网。移动互联网是一个相对于传统互联

网的概念，不同于以往PC端上网的方式，它具有可在任何时间、任何地点上网的优势，而且携带方便，操作简单，得到了最广大人群的青睐。移动互联网对传统互联网的颠覆主要体现在以下两点。

1. 不同的用户群

- 在全国范围内，会使用智能手机的用户比会使用电脑的用户多了不少，这就为移动互联网确立了更加广泛的用户基础，使得移动互联网更具备普及性

2. 不同的用户习惯

- 移动互联网的终端优势在于其精细小巧，在这方面，笨重的传统互联网终端根本无法与它媲美。这就使手机上网用户养成了随时随地上网和碎片化浏览等习惯，这些习惯是固定的电脑上网用户所缺乏的，也是他们根本无法做到的

移动互联网不仅拥有更多的用户，改变了用户的上网习惯，尤为关键的是，它加深了用户间的相互联系，进而衍生出一种无处不在、无所不包的经营网络。这就为商家开辟了一片完全崭新的领域，提供了无数可以排列组合的新玩法，从而为商家融合移动互联网以及跨界经营带来了机遇。

2.1.6 【杭州银行】看银行跨界玩文创

从2013年开始，杭州银行先后设立了杭州银行文创支行和北京石景山文创支行。通过这两家文创支行的创建，杭州银行为金融与文创的融合做出了可贵尝试，推动了很多文创企业的发展进步，同时实现

了自己的跨界经营。到2014年12月底，杭州银行已为各类文创企业提供贷款达33.32亿元，对文创产业的影响进一步扩大。

杭州银行实现向文创产业的跨界并非偶然，而是战略得当的缘故。它在跨界过程中采取的经营策略主要如下。

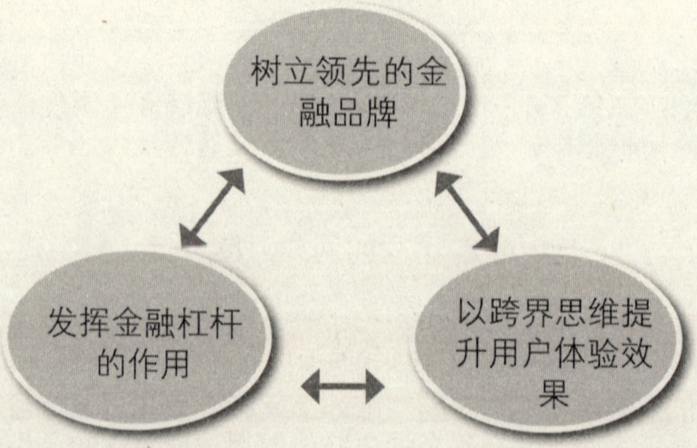

1. 树立领先的金融品牌

杭州银行为了实现金融产业的特色化经营，树立领先于同行业的金融品牌，制定了“四项单独＋三个特殊”的发展措施。

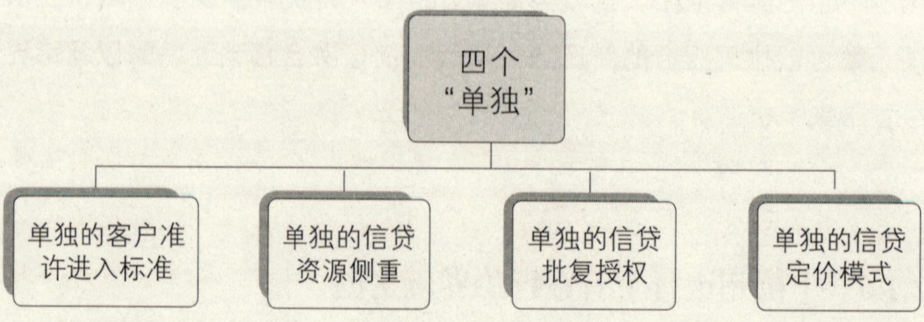

这四项政策为很多小型文创企业提供了更低的进入门槛和成本投入，提升了文创在金融信贷领域的投放效率。“三项特殊”则是针对内部的保障条款，主要为专营支行提供后续支持。

2. 发挥金融杠杆的作用

杭州银行善于对文创金融行业做出专业性判断，并做到充分把握相关行业的经营发展脉络，从而采取针对性措施，推出各种特色化的金融产品，以金融杠杆的作用撬动整个文创产业的发展。

3. 以跨界思维提升用户体验效果

杭州银行还善于使用“跨界与融合”的思维，制定相关体验产品，达到满足文创产业发展需求的目的。比如引进第三方推广措施和企业发展战略咨询模式，这些都是跨界思维下的产物。

杭州银行正是抱着“文创金融大有可为”的信念，灵活运用跨界思维的观点，把握住了时代赋予它的发展机遇，最终实现了自己向文创金融产业迈进的跨界发展。

2.1.7 【优飞科技】手机如何跨界

在日益激烈的手机竞争市场中，优飞科技始终牢牢占据着一席之地。这种现象引起了不少人的好奇，有人为此询问优飞科技的老板蒋跃丹，蒋跃丹给出的回答是：“这是因为我们在产品的开发和创建中主动融入新鲜时尚的因素，并树立创造性思维，积极开发手机周围的相关产业。”这个答案有些抽象，不容易被人理解。为了更好地解释蒋跃丹的话，笔者以“兰博基尼概念手机”为例，向大家详细阐述一下此观点。

“兰博基尼概念手机”是优飞科技和兰博基尼汽车公司合作打造的一款高档手机。它在外形方面融入了许多兰博基尼跑车的元素，机身材料既包括中式带花纹的不锈钢，也包括经过处理的意大利鳄鱼皮，在某些位置上还有钻石点缀。这款手机的销售价格已经达到上百万元。

在手机领域，优飞科技的实力其实远远逊色于三星、苹果等著名手机品牌，但是它却与兰博基尼达成了合作，这是为什么？从蒋跃丹的办公室设计方案中，我们可以看出一些端倪。蒋跃丹在他的办公室旁边设立了另外一间办公室，那就是产品总监的办公室。蒋跃丹希望以这种方式表明公司无比重视科技与时尚的结合，并敢于进行跨界行动。正是由于这种坚定的信心和大胆创新的勇气，为优飞科技积累下优秀的业内口碑，终于得到了兰博基尼汽车公司的认可，最终双方达成了“兰博基尼概念手机”的跨界合作。

2.2 创新趋势

人类社会的发展其实就是一次又一次创新重复叠加的过程，其中固然有一些伟大的发明创造超越了叠加的范围，直接对人类整体文明的进步产生了划时代的影响，但是，绝大部分的创新成果还是在已有资源的基础上加入各种创新思维的模式，才得以整合出现。在这个过程中，想象力起到至关重要的作用。互联网时代的到来，颠覆了我们所认识的旧世界，为我们带来了全新的思维模式和发展理念，这就为我们的想象力提供了纵横驰骋的空间和永不枯竭的源泉。我们完全可以抓住这种创新灵感，及时将它落到实处，使其产生真正的价值。

2.2.1 创新思维下的新生活

中国台湾著名表演艺术家赖声川将相声艺术融入舞台剧中，从而把相声带入一个崭新的境界；大陆著名相声演员郭德纲使相声回归到草根模式，将观众再度拉回传统剧场。赖声川和郭德纲，一个使相声前进，另一个使相声回归经典，但他们有一点是共同的，那就是对相声的创新。

互联网时代也讲求创新，这种创新不只是技术上的创新，更是思维模式上的创新。我们的生活中就存在着很多这样的创新，接下来，笔者将以车置手机的创新产品为例，带领大家真正体验一下创新思维下的新生活。

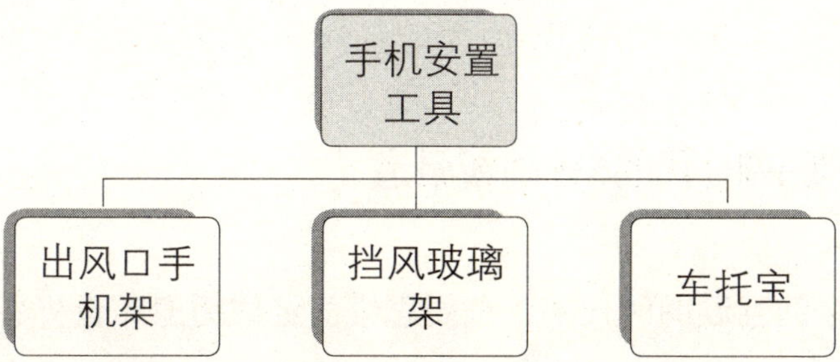

1. 出风口手机架

出风口手机架是安装在汽车内部出风口的手机安置支架。它的优点在于不会遮挡驾驶员的视线，导航看图十分清楚；缺点则是驾驶员在操作过程中需要转移视线，从而造成潜在的行驶危险。

2. 挡风玻璃架

挡风玻璃架的后面有一个吸盘，它可以将架子本身固定在前方玻璃上，从而实现手机的前方安置。挡风玻璃架的优点在于其具备较大的普及价值，任何车型都能使用，而且不需要驾驶员在导航看图时转移视线；缺点则是它影响了驾驶员的前方视野，且降低了车内布景的美观度。

3. 车托宝

车托宝可以将手机稳定地安置在方向盘中间。它不但不会影响到驾驶员的视线和车内的美观，更大的一个好处还在于操作简单方便，不会带来行驶风险。

无论是出风口手机架、挡风玻璃架还是车托宝，它们中有的较为完美，有的则存在明显的缺陷，但总体来说，它们都是在创新思维下产生的创新产品，最终目的都是为了解决客户的具体需求，所以从这个角度来说，这些产品真正体现了我们在创新思维下的新生活。

2.2.2 互联网时代的5W创新渠道

在如今的互联网时代中，创新思维已经成为遍布世界各个角落的普世思维，每个行业若想实现自身的发展进步，都要不断创新，努力顺应互联网大势的发展需要。但是，创新并不等同于无计划。我们应该设计出一种科学有序的创新线路图，按“图”办事，这样才能达到最优化的创新效果。一般来说，创新线路图分为五个部分，也叫“5W创新”，它们具体包括如下内容。

Who，谁来领导

Doing what，做什么才能实现创新

In which ways，使用什么方法

To whom，面对的对象

What effect，成效如何

1. Who，谁来领导

领导者的不同，就会产生不同层次的领导能力，而领导能力则是所有企业实现创新转型的基本出发点。不论是苹果公司从上到下的革新，还是谷歌的工程师改革，其领导能力的差别决定了其创新格调的不同。比起技术创新，企业更需要强调其领导能力的异同，这才是完成改革的关键。

2. Doing what，做什么才能实现创新

开启与闭合都能产生创新。开启是一种向人们开放的、允许人们广泛参与的创新模式。例如风靡全球的Facebook，就是以极端开放的观念为基础创建起来的互联网交流平台；而闭合则是相对封闭的、只在企业内部进行的创新模式，例如苹果在打造自己的iPod产品时，就是在一种极端封闭的情况下进行开发的，但这丝毫无损于iPod畅销世界。

3. In which ways，使用什么方法

企业在树立了开放的心态后，还需要实行一种开放的方法，这种方法就是企业间的协同生产。比如，世界著名的宝洁公司就曾对自己的知识产权进行网络在线转让，并努力从其他企业手中得到适用于自己的专利产品。这种做法不但使宝洁利用自己的闲置专利赚取了大量金钱，而且得到了不少从外部流入的创新产品，丰富了自己的经营选择。

4. To whom，面对的对象

企业面对的对象是产消合一者，他们不仅是同时兼具生产者和设计者双重身份的消费者，还是伴随着互联网的发展而产生的新兴消费群体。在互联网时代，他们与传统的消费者一起成为互联网时代商家的服务对象。

5. What effect，成效如何

企业若想实现对产品的创新，最后一道关卡就是市场成效。只有在市场中取得足够的认同感并创造了经济效益的产品，才可以被称作成功的创新产品。反之，企业的创新就是失败的。

互联网创新往往与技术的关联不大，反而对创新思维模式提出了很高的要求。企业需要改变自己的传统思考方式，完全融入互联网经济的发展潮流中，打造属于自己的互联网思维模式，如此才能实现最终的创新目标。

2.2.3 打造开放式创新战略

在当今的互联网时代，各类知识和信息的发布量不断增加，已经表现出爆炸性趋势。正所谓“乱花渐欲迷人眼”，知识和信息的“乱花”也同样使很多企业陷入迷惑的境地之中。它们已经很难从浩如烟海的信息库中找到重点信息，更无法利用这些信息在市场上占到足够优势。在这种严峻的形势下，企业就需要打造开放式创新的特色战略，以此来解决这种窘境。

开放式创新主要包括以下几个方面。

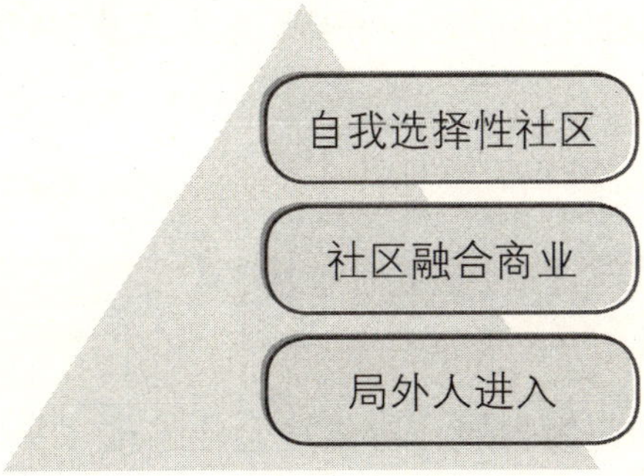

1. 自我选择性社区

自我选择性社区其实就是一个非正式化的组织。在这个组织中，任何人都可以选择自己感兴趣的方面进行自由发展。Linux公司的老板李纳斯曾经在网上发布了一封关于计算机系统设计的求助信，号召广大网民共同参与开发设计。这一事件标志着自我选择性社区的诞生。

2. 社区融合商业

在开放性的自由组织中，同样需要引进商业元素，以便创造、研发出具有市场价值的产品。这是自由组织能够长期存在和健康发展的必要条件。

3. 局外人进入

企业在面对技术难题时，往往依靠一小部分的专家来解决。这种方式具有很大的局限性，无法解决企业日益增多的相关衍生问题。在这种时候，企业就要及时引入大量的局外人士，利用他们多种多样的能力解决自身遇到的问题。

除了上述三点之外，如何令自由社区内的成员对社区产生最大的认同感和归属感，也是开放式创新的重要方面。只有做到了这一点，才能充分挖掘出自由社区的潜力，使其产生最大化的创新价值。

2.2.4 互联网思维下的创新学习模式

互联网企业的蓬勃发展，对传统企业造成了极大的冲击。很多传统企业在与互联网企业的竞争中处于劣势，甚至纷纷落马，令人不胜唏嘘。比如乐视、小米等互联网企业先后进入电视市场，就对创维、TCL等传统电视业巨头造成了很大影响。为了应对互联网企业的有力竞争，传统企业首先要做到的就是改变自己的传统经营观念。而要改变经营观念，就要进行创新学习，树立自己在互联网思维下的创新学习模式。

1. 自我修行

面对互联网的迅猛发展，企业中的每个人都要进行自我修行，使自己能够学习到全新的互联网知识，取得决定性进步。自我修行包括以下三个方面。

企业家的自我修行

- 企业家是企业最为关键的中心点。为什么这么说？因为企业家具有发动机和指挥棒的作用，他可以为企业提供最核心的前进动力和最重要的引领指导。企业家自身的观念能否成功转型，决定了企业能否实现创新和改革

管理层人员的自我修行

- 管理层人员是企业的中坚力量。企业家需要通过他们对企业进行管理，实施各种经营策略；基层员工也要通过他们的指令从事自己的工作。所以，管理层人员的互联网学习对企业十分重要，他们往往起到承上启下的核心作用

基层员工的自我修行

- 基层员工数量庞大，是真正从事一线工作的人。他们是一个企业的根基部分，就像大树的根部一样。只有让每一位员工积极学习互联网知识，转换固有思想，才能使企业这棵大树茁壮成长

2. 统一思考

孔子曾说过：“学而不思则罔。”学习过后必然要思考，不然就很容易陷入迷惑之中。企业在学习互联网知识时也是一样，学习结束后还要思考，并且上下统一认识，这样才能使互联网思维产生真正的价值，为企业所用。

3. 学会正确拐弯

企业固然要学习互联网思维，而且要尽量加快这一过程。但是，凡

事都有欲速则不达的情况。当企业为了转型而转型并冒失转弯的时候，必然会导致失败。所以企业在运用互联网思维做事时，需要保持一份理性思维，看清自身的发展现状，找到自己与互联网的最佳结合点，然后从容出手。这种做法才是企业正确的创新变革方式。

2.2.5 传统媒体的“新丝路”

传统媒体的核心发展观念是内容为王。而在互联网社会，信息流通渠道和相关技术开发开始成为新时代媒体发展的重中之重。传统媒体因为太过看重文章内容，忽视了渠道的开发和内容的辐射效应，于是每况愈下，陷入发展的窘境之中。但是，这并不代表传统媒体已经无路可走。其实，只要转换固有的思维模式，做到适应互联网发展的需要，传统媒体同样可以实现逆袭，甚至是进一步的发展壮大。那么，具体说来，传统媒体应该如何创新呢？接下来，笔者就为大家介绍几条传统媒体进行创新发展的有效措施。

1. 取长补短

传统媒体如果想实现自身的转型，就要着重加强对当前流行的新产品、开发渠道以及相关技术的认识，适应网络化的媒体发展需要。但是，传统媒体在吸收外来优秀元素的同时，还要保持自身的优势，如此才能做到真正的创新转型。例如逻辑性、价值取向以及文章深度等，这些东西都是互联网媒体很难做到的方面，传统媒体要善于发挥自己的长处。

2. 加快速度

在互联网时代，处处都强调一个“快”字。传统媒体也要顺应大形势下的发展要求，做到在极短时间内确立选题方向，快速将成品投入市场，然后再进行完善，补充文章内容。这种做法会起到很好的抢占市场作用，能够为传统媒体的发展赢得先机。

3. 打造全媒体

所谓全媒体，就是指两屏（PC屏幕和移动屏幕）、两端（图文信息和视频信息）、两方（前方直播和后方解读），它们可以集体称作“六维”。

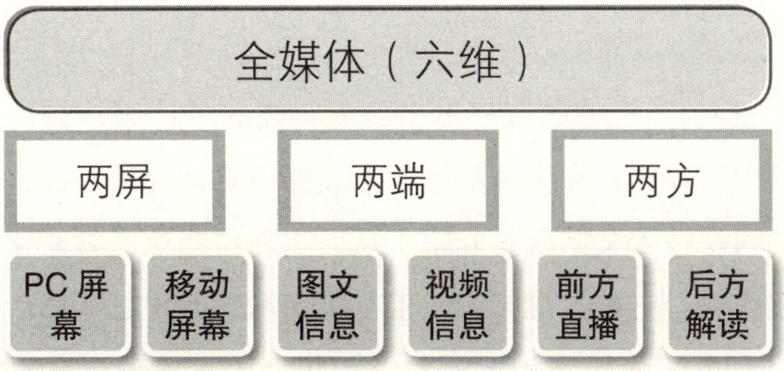

传统媒体只有做到“六维”齐全，在产品的传播渠道、内容表现方式和传播形式上做到既广且深，打造出属于自己的全媒体，才能在市场竞争中取得胜利。

2.2.6 互联网科技的新发展

互联网科技的重要发展趋势，就是智能制造业的不断进步。智能制造是互联网时代下的新兴产业，它颠覆了传统制造业固有的生产经营模式，是互联网信息技术和工业的完美结合。人们已经达成了这样的共识：最多十年，智能制造业将取代传统制造业，成为整个世界的标志。在这种形势下，我们每个人都要对互联网科技保持足够的重视，做好应对新时代挑战的准备工作。具体来说，我们需要重视以下两种科技发展趋势。

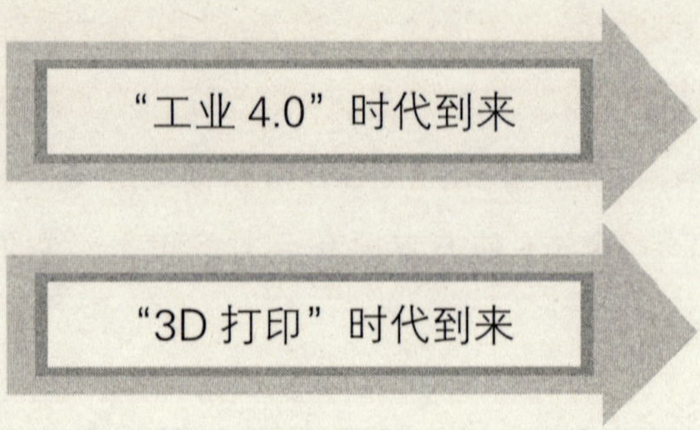

“工业4.0”是德国政府提出的高科技战略计划，它以网络信息平台为基础，令生产和资源的整合方式变得更加简单快捷，而且将很多最新的科学技术紧密融合起来，从而实现自动化、智能化以及特色化的发展优势。它是连接第三次工业革命和第四次工业革命的重要桥梁，在社会各行业的结构重塑和创新转型中发挥着越来越重要的作用。传统产业要抓住这一机遇，及早进行布局，如此才能在未来的市场中抢占先机。

3D打印机具备打印极高精度产品的特色功能，可以在社会各领域产生很好的应用效果，而且随着相关技术的进步，3D打印机很可能再一次迎来更新换代，使其拥有和诸多互联网科技相结合的能力，从而变成智能制造业的有机组成部分，形成“3D打印”的时代浪潮。

“3D打印”的潮流已经来袭，企业在面对这一趋势时，需要重视3D打印机的改造过程和普及过程，将其纳入自身发展的轨道中来，如此才能更好地顺应智能制造业的发展潮流，做到顺势而为。

2.2.7 【苹果】让创新真正落地

2008年初，MacWorld大会拉开了序幕，这是以苹果为专题的科技产品类大会。在这次大会上，苹果推出了令世界震撼的产品——MacBook Air。

MacBook Air是在全世界范围内最薄的笔记本电脑，它再一次颠覆了人们的固有思维模式，赢得了广大客户的青睐。而就在2007年的MacWorld大会上，苹果刚刚推出了它的拳头产品iPhone。在历年的MacWorld大会上，苹果都会推出其重量级的创新产品，而且其创新速度之快，创新力度之大，足以令世人震惊。

那么，苹果的创新模式是如何实现的，他在创新过程中又做了什么事呢？笔者认为主要在以下几方面。

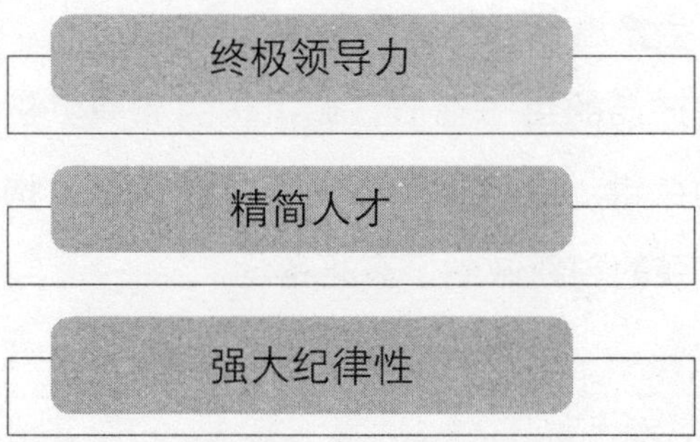

1. 终极领导力

如果要给苹果贴上一个最合适的标签，毫无疑问，一定是乔布斯。1997年，乔布斯重新了回到苹果CEO的位置上，从此带领苹果展开了最纯粹、最偏执的创新过程。他拒绝民主，强调权威，以铁腕方式管理苹果公司，并强行推出他自己的创新理念。乔布斯始终认为，他的创新观点就是市场未来的发展方向，并要求手下员工坚决贯彻他的指令。事实证明，乔布斯是正确的，他的终极领导力使苹果实现了跃进式发展，引领了整个世界的创新潮流。

2. 精简人才

苹果对人才的观点就是“精”和“简”。乔布斯曾说：“我只接受最出色的顶级人才。”正是由于实施人才的精简战略，苹果团队解决了无数技术难题，攻克了无数技术难关，从而创造出“苹果奇迹”。

3. 强大纪律性

乔布斯为苹果注入了强大的纪律因子，他总是在强调无条件服从的重要性。这是因为苹果需要的从来不是创新理念，这些东西乔布斯可以解决。苹果真正需要的，是将创新理念落到实处，使其变成现实的产品。而只有当员工具备强大的纪律性时，才能将创新理念不折不扣地执行下去，生产出足够优秀的创新产品。

另外，关注产品的每一细节，偏执化的完美主义思想，也是苹果能够取得成功的关键。它们与上述三个方面一起，构成了苹果创新机器的诞生，使苹果的创新做到了真正落地。

Chapter 3

三个核心——凝聚互联网的中坚力量

3.1 大数据

伴随着计算机、智能手机等电子设备的出现和发展，各类信息数据的传输方式变得更为简单，从而引起了网络数据量的飞速增长。有数据显示，在2013年时，用户在很短时间之内就可以传输22TB的数据量。这种趋势使得每一个互联网企业内部都累积了大量数据，而且这些数据随着网络技术的进步，还在不断地增长，已经呈现出爆炸性趋势。在当今社会，互联网大数据越来越受到企业的重视，如何对海量数据进行整理，并摘取其有效成分进行分析处理，已经成为现代企业必须面对的课题。

3.1.1 数据思维能说话

管理学大师德鲁克和质量管理专家戴明在很多问题上都存在着完全相反的看法，但他们却有一点共识，那就是“若想做好管理，首先要实现量化”。

如今是大数据的时代，处处皆可量化。企业管理者应该利用大数据的量化特点，把公司的所有业务做到量化，从而实现让数据说话，以便更好地掌控公司。在企业管理中，量化思维主要体现在以下两个方面。

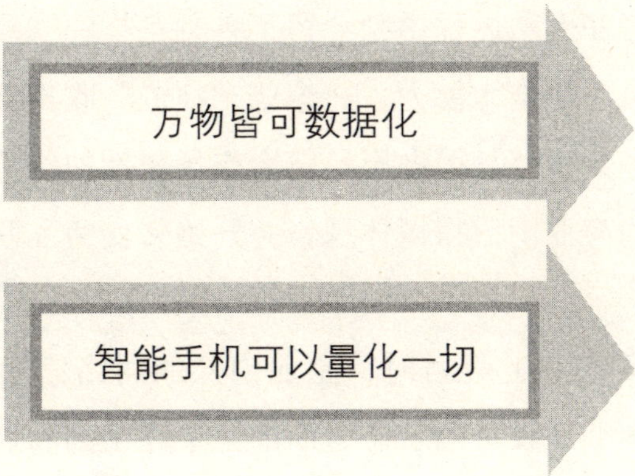

1. 万物皆可数据化

各类服务被量化成为糯米、美团等网站上的打折信息，各种物品被量化成为京东、淘宝等电子商务平台上的商品，上述情况已经表明，万事万物都可以实现数据化。在这种情况下，企业可以在数据空间中操作一切事务，并由此衍生出很好的创意和企业发展战略。

2. 智能手机可以量化一切

智能手机是各类传感器的结合体，更是具备极强功能的量化终端。比如它可以用麦克风来收集声音，再将声音变为录音；它还可以利用镜头将世间万物映成景象，然后变成照片。这些智能传感功能为很多行业提供了更多的机会和尝试选择，促进了移动互联网的欣欣向荣。

企业在做各方面业务时，都离不开大量数据的支持，充足的数据能为企业决策提供必要的助力。所以，企业一定要重视大数据的作用，树立自己的数据思维，从而提高经营和发展效率，使自己迈向更高的发展台阶。

3.1.2 竞争力的核心是数据资产

不少消费者在上网过程中都会留下各种各样的“痕迹”，互联网公司可以利用自己的技术能力，将这些“痕迹”收集到企业的数据库中，并进行选择分析，从而做出最符合市场预期的经营决策。在这个过程中，数据的商业价值得以体现，并开始转变为互联网公司的重要资产。

当数据和资产划上等号时，企业内部的网络信息收集部门就改变了以往只投入、无收益的状态，而产生了真正的利润。数据开始对公司各方面的业务产生影响，逐渐转换为公司的核心资源。在这种时候，谁能够有效地掌握数据，谁就能看清市场的未来发展方向，做出恰当的应对措施。

阿里巴巴在其网络数据库中，存储了大于100PB①的数据信息，其中就包括了从2004年起，每位淘宝用户在淘宝网站上的浏览信息、购买记录，以及各种支付行为。阿里巴巴从这些数据中甄别出有用信息，并不断进行挖掘分析，掌握关于用户喜好的最准确信息。在以后的发展经营中，阿里巴巴依靠这些信息，制定了大量符合市场需求的发展战略，创造了海量的收益。

阿里巴巴的成功正是由于重视各类分散数据的收集，甚至将其作为公司的核心发展战略，最终使数据产生了经济价值。企业在经营过程中，也要学习阿里的成功经验，做到有效利用数据信息，使其真正发挥威力。只有这样，才能使数据化为资产，帮助企业实现腾飞。

---

① PB 是一种计算机存储单位，1PB=1024TB。比它小的单位还有 TB、GB、MB、KB 和 B，它们之间的进率均为 1024。

3.1.3 大数据的核心原理

伴随着大数据时代的到来，以往的信息计算模式也出现了变化，由“流程”核心转变为“数据”核心。这种变化使得传统的分布式计算结构开始转变为以“数据”为重心的标准式样。数据的非结构化和产生变化的分析需要，改变了IT系统沿用多年的升级途径，使其由简易的重复叠加发展到构造方面的改变。而体现这种改变的典型案例就是大数据和云计算的关系变化。

在以往的操作中，超级计算机之间若想实现数据交换，首要前提就是信息的交换量一定要足够大。为了解决这个问题，IBM改变了以往的设计模式，使云计算以数据为核心，将大数据与云计算有机地统一起来。在这种情况下，云计算成为了大数据的强力后勤保障，大数据成为了云计算的最好发挥平台。两者间产生了出色的化学反应。

在互联网的大数据时代，人们越来越倾向于使用数据核心思维来考虑问题，并努力寻找解决方案。这种情况反映了目前IT行业的发展态势，那就是数据的核心化效用。大量数据的沉淀，不但为各行各业带来了发展机遇，同时也为它们带来了最新挑战。为了抓住机遇，迎接挑战，各产业必须做到转换旧思路，以数据化的思维来处理信息。只有这样，它们才能在时代的潮流中做到游刃有余，实现更好的发展。

3.1.4 数据不仅大还要有用

大数据的真正价值其实不在于“大”，而是要“有用”。这是由大数据思维的内涵所决定的。其中的首要方面就在于企业是否认识到数据的潜在价值，使大数据与企业的各方面业务发生联系，从而做出正确的战略决策。那么，企业到底要怎么做才能让数据变得“有用”呢？具体来说，有以下三个方法。

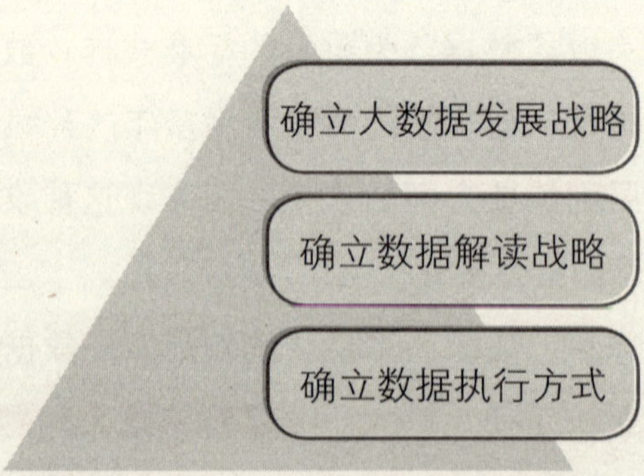

1. 确立大数据发展战略

企业在面对大数据时，首先要做的就是将它提高到战略高度，使其成为整个公司的核心发展战略，而不要把它当做企业网络部门专管的一项业务。这是因为大数据所需投入十分巨大，公司一定要集中力量，全力投入资金和人力，才能使其真正发挥效用。

2. 确立数据解读战略

数据的收集只是第一步，接下来就是解读数据。企业在解读数据时，要具备足够的能力和正确的切入角度，将具体数据解读为符合企业需要的方面，而不能将其解读为无用的信息。这种解读方式也要成为企业的既定战略，并在以后的数据解读中坚持使用。

3. 确立数据执行方式

企业完成数据解读后，还要以此为根据，确立有效的数据执行方式。这是使数据变得“有用”的最后一步，也是最关键的一步。比如淘宝平台可以提供消费者的流量数据和商品的成交数据，使商家做出富有针对性的营销策略，从而产生最大化的经济效益。这是数据转化为价值的基础，只有成功做到这一点，才能使数据产生真正的实用价值。

3.1.5 人性化的大数据服务

在2013年7月的某一天，一名就读于华东师范大学的女生收到了这样一条短信：“××同学你好，根据系统显示，你在6月份的用餐投入很少，是不是经济上出现了困难？如果是的话，你可以联系我。联系方式是×××。”短信发信人显示是学校的某部门。

原来该女生在6月份的时候，因为需要减肥，刻意减少了饭量，所以饮食费用也相应降低。学校的饭卡监控系统及时发现了这一情况，于是就有了这条问询短信。

女生在收到短信后十分感动，并将短信截图发布到网上，引来了一片叫好之声：“学校真负责任，让冷冰冰的短信都体现出了人文关怀。”

上述例子体现出大数据的一个发展方向，那就是其应用不应该只局限于数据上，还应该注重联系生活。

人们总说大数据的前景如何广阔，那它为什么会有广阔的前景？如果仔细揣摩，我们不难发现，大数据的服务范围绝不仅仅体现在商业范畴，它的价值更不只等同于金钱。大数据的真正价值在于，它是一场影响到全社会的“创新革命”，可以和诸多事物产生联系，颠覆人们以往的固有认知和思维模式。例如大数据可以根据气候变化，提醒我们增减衣物；根据银行卡金额的浮动，提醒我们理性消费；根据我们在医院的治疗信息，提醒我们定期复查等。

总而言之，人们可以在大数据的服务下得到满足感、成就感，甚至是关怀感，这充分体现了大数据不断趋向于人性化的发展现实。

3.1.6 【贵州吉源】大数据拉开全产业链

当贵州大数据产业蓬勃发展的时候，贵州吉源事业发展有限公司作为业界的一个成功典范，将大数据的重要性展现了出来。

2014年3月1日，贵州吉源抓住市场发展的机遇，和北京市计算中心签署了一系列合作合同，目的就在于创建驾驶培训方面的大数据云服务空间。在这一过程中，贵州吉源可谓是下了血本，投入7.7亿元的海量资金。这是一笔极大的投资，但贵州吉源却是甘之若饴，并坚定认为，这样的付出必会得到更大的回报。其中的根本原因，就在于贵州吉源对大数据的重视和青睐。

贵州吉源一向注重大数据的开发和利用，它已经建成以企业具体业务为中心的大数据平台，将培训、招收学员、驾驶考试等一系列业务都纳入标准化系统的范畴中来，实现了学员数据收集、业务查询以及部门数据共享的标准化规范。此外，随着各类网络信息推广平台的出现，例如微信公众号、驾校APP等，贵州吉源开始创建趋于完美的客户服务评价流程，依据此流程，贵州吉源可以完全收集到学员的体验信息和产品购买信息，继而进行数据分析和解读，得出关于业务流程的改进建议和优化措施。

随着政府数据的开放性趋势，贵州吉源已经将自身的发展眼光放远，并将焦点集中在政府主管部门身上，期待与相关部门建立起更加紧密的联系。贵州吉源清醒地认识到：这种紧密联系可以实现数据的对接与共享，有利于打破产业间的管理隔膜和信息孤立，提升自己的运营效率，进而创造出更大的经济价值。

3.2 用户

何谓用户？从字面上来看，用户就是使用某种产品的人。再深入一点理解，这个词还含有一定的技术色彩。在互联网时代，随着人们使用的产品越来越丰富，“用户”这一群体的规模也越来越大。由此可见，用户与产品是不可分割的。当一个人成为某种产品的用户时，说明这个人对某产品产生了粘性，随着使用程度的加深，这种粘性往往也会增加，这就是我们常说的“用户忠诚度”。所以，用户也是消费者，而且比单纯的消费者更具潜在价值。

众所周知，互联网的一大特点就是将人与人、人与物、物与物之间的距离不断缩小，而某个产品若想树立品牌，就要不断拉近产品与用户之间的距离。由此可见，用户是互联网思维中不可或缺的一部分，我们也可以将其概括为“用户思维”。那么，用户思维的实质是什么呢？具体来说，我们可以将其总结为以下方面。

1 用户群是根据产品的产生而分化出来的，所以用户思维具有一定的受众特性

2 用户思维是围绕产品的使用形成的，因此它十分注重用户体验

3 用户忠诚度往往与产品的特性有密不可分的关系，从这点来看，用户思维也是一种产品思维

在互联网时代，品牌应重视用户、掌握用户思维，这样才能不断提升品牌影响力，为拓宽市场打下良好的基础。

3.2.1 注意，是用户而不是客户

许多人总是将“用户”和“客户”两个词等同使用，认为它们是一个概念。其实这是一种误解，两者间虽然只有一字之别，但其中的具体含义却是南辕北辙。

用户是最终使用产品的人，而客户却有可能不是

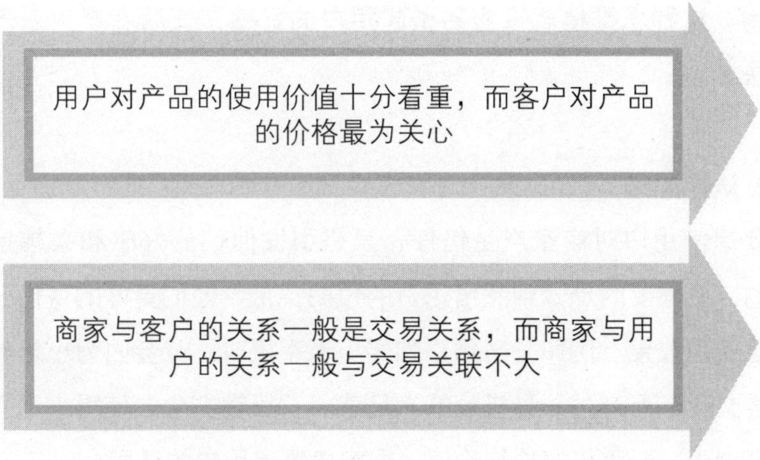

以上种种，都说明了用户和客户间存在着很大差异。因此，用户思维和客户思维之间也存在着很大不同。

在互联网时代，用户才是主角，他们的人数最多，影响范围最广。商家需要注意做好用户服务，在经营中树立起正确的用户思维。因为只有这样，才能使用户思维产生最大化的营销价值和经济收益。

具体来说，用户思维包括以下三个方面。

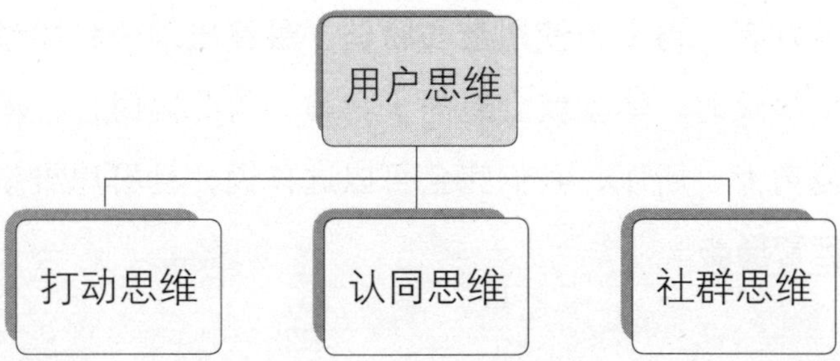

1. 打动思维

相对于冷淡和带有强迫性的客户思维，用户思维更强调平等互助，并把消费者当做朋友看待。产品在交流的过程中，只是起到连接桥梁的作用。这种思维模式很容易引起用户的好感，使后者产生乐于交流的想法。

2. 认同思维

要想使用户对商家产生信任，只是引发他们的好感和兴趣是远远不够的，更重要的是做到超出用户的预期，带给他们更好的身份认同感和产品使用效果。例如，当用户购买小米手机时，就会因为小米特有的“极客文化”而产生一种极致的满足感。“极客文化”使得小米手机拥有了区别于一般手机的独特价值，很容易赢得用户的认同。

3. 社群思维

当用户对产品产生关注时，就已经形成了体验模式。更为重要的是，体验模式只需要产生关联就可以生成。例如，当人们对微博或微信公共账号进行关注时，就会立刻变成产品用户，可以对产品进行实际体验。

用户思维的实质，其实就是通过用户体验的不断加深，使其由关注者变为爱好者，再变为使用者和粉丝，最终出现一种粉丝的社群。当产品做到极致时，体验就会趋向于完美。与此同时，社群的吸引力也会变得无穷大。所以，我们完全可以这样说，社群思维就是用户思维的最高运营形态。

3.2.2　互联网思维下的“以用户为中心”

“以用户为中心”的含义是什么？很多人都会回答：把用户当做

上帝。这个答案并没有错，但是另一个问题又来了：企业怎样才能做到这一点呢？这就需要企业知晓用户的具体需求，提供符合用户心理预期的人性化服务。只有如此，企业才能满足“上帝”们的要求，将“以用户为中心”的理念落到实处。

但是，就算企业树立了“以用户为中心”的坚定信念，并将用户视为“上帝”来供奉，也不一定能够产生好的经营效果。因为用户的一大特点就是具有多变性，尤其是在互联网时代的今天，用户需求的变化完全可以用变化多端来形容。面对这种情况，企业需要采取以下三种解决方案。

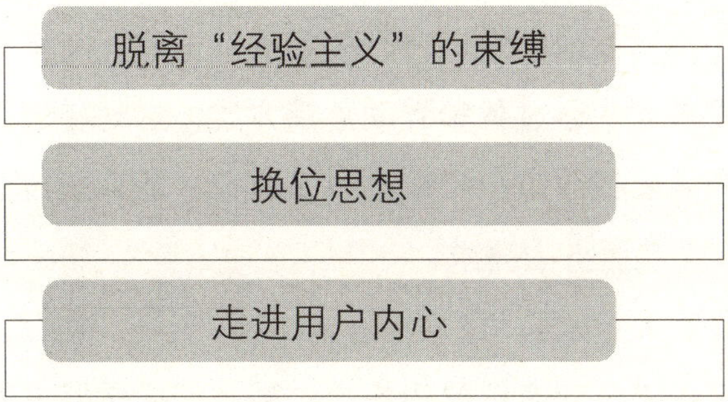

1. 脱离“经验主义”的束缚

在互联网时代，经验是最没用的事物。为什么这么说？这是因为社会的发展速度太快，之前许多有用的思想、方略，往往会在很短的时期内就变为故纸堆里的历史，再也不能产生任何价值。商家在面对用户时也是一样，千万不能单凭过往经验估计用户的喜好和需求，而要根据随时更新的现实数据，进行深入挖掘和分析，这样才能做到随时满足用户需求。

2. 换位思想

养羊的人可能会因为养羊的时间长了，对所养的羊产生感情。而买羊的人却不会这样，他们只关注哪只羊比较肥，看起来更健康，以便吃到既好吃又放心的肉。因此当人站在不同角度时，就会对同一事物产生完全不同的看法。商家也要意识到这一点，及时建立起自己的“换位思想”，以用户的思维模式来思考问题、看待事物。如此才能使自己的服务更易达到用户的心理预期。

3. 走进用户内心

一般来说，用户身上存在着懒惰因子，许多用户很少对产品发表意见，但这并不代表他们没有自己的看法。这时，商家需要努力寻找用户的具体需求点，通过各种互动营销方式，主动接近用户、了解用户、激发用户的反馈欲望。只有这样，商家才能真正走进用户内心，满足他们对产品和服务的需求。

其实，我们大可以将用户当作“女人”来看，其心思不但千变万化，而且敏感细腻。商家争取用户的过程，就像是男人追求女人的过程。商家若想取得成功，就要对用户的心理进行仔细分析，把握其敏感点，做出恰当的应对措施。这其中的奥妙，就需要商家根据具体情况自己去琢磨了。

3.2.3 用户体验要“痛快”

客人要买一只鸡腿，饭店的服务员却端上来一整只烤鸡。在价格不变的前提下，结果是显而易见的，那就是饭店的行为会博得客人的欢心。如果将鸡腿比作客户的“痛点”，端上烤鸡的行为则是“痛快”。

在互联网时代，仅仅满足用户的正常需求已经不足以赢得用户的支持，想方设法令用户感到“痛快”，才是企业争取用户的最佳方案。若想实现这一点，就要做到以下两个方面。

体验至上

无论是哪一种产品,都不能只满足于解决用户的基本问题,而要提供给他更高一层的体验效果和更充足的发挥空间。在用户看来，产品带给自己的感觉和体验才是最重要的。如果商家可以满足他的这个要求，他就会成为商家的忠实客户

贴心为王

产品和服务的人性化是商业发展的总趋势。用户在购买产品时，往往需要产品给自己带来贴心暖心的感觉。这样才能使用户对产品产生亲切感，进而提高他们对商家的支持度和好感度。在互联网快速发展的时代，人们对于产品的要求早已提高到一定高度。只有足够贴心的产品，才会获取到他们的青睐

使用户“痛快”的理念已经深入人心。当一个产品只是让用户产生诸如“可以”“还行”等评价时，它就是一个不合格的产品。当用户产生“用起来真爽”的感觉时，就代表产品成功了。

3.2.4 尖叫，使产品超越“好”的境界

我们可以把产品出现的起因归结为“痛点”，而把产品想要达

到的终极目标归结为尖叫点。何谓尖叫点？就是那种令用户产生诸如"这产品是真的吗""我不是在做梦吧"等想法的产品，而不是令用户产生"这产品挺好"的产品。换句话说，就是令用户惊喜尖叫的产品，而不是令用户简单说好的产品。

如果想要做到令用户"尖叫"，就要注意以下几点。

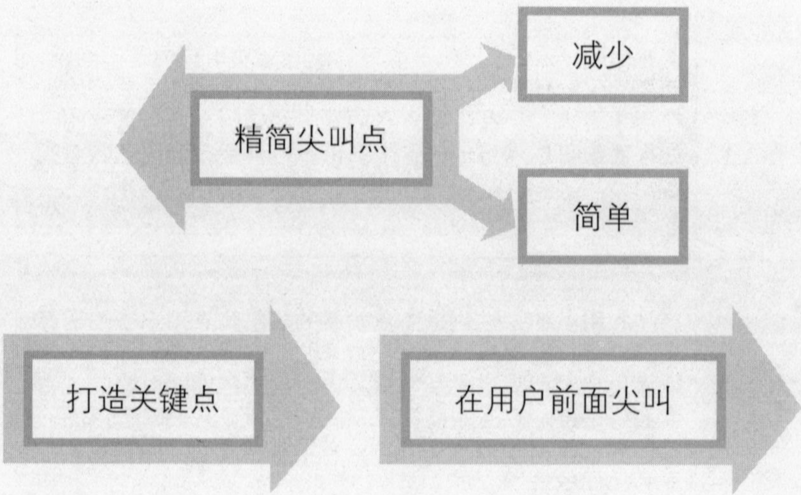

1. 精简尖叫点

商家若想使产品的尖叫点产生预期效果，就要做到以下两点。

① 减少

"尖叫点"并非越多越好。其实很多时候，减少尖叫点，令其产生少而精的特点，更能吸引用户的关注。

② 简单

"尖叫点"必须具备易于感知的特色，它不能过于复杂。因为在用户看来，产品是否简单实用，才是他们真正关心的问题。

2. 打造关键点

当我们在观看一期娱乐节目时，最关注的往往是其中的几个“笑点”。这些“笑点”就是节目的“关键点”，会给我们留下很深的印象，而且很难忘记。商家在经营产品时也是一样，要把打造产品的“关键点”作为首要任务。只有当产品具备足够多的“关键点”，而且后者能够引发用户的浓厚兴趣时，产品才会引起用户的极大关注。

3. 在用户前面尖叫

商家若想靠产品征服用户，首要任务就是征服自己。雷军曾经说过一句话：“永远要做能让用户尖叫的产品，做不出来就是我们变得平庸了。”这句话的重心就在“我们”二字身上，也就是要求企业必须生产出令自己满意的产品，在用户之前尖叫，如此才能创造出最出色的产品尖叫点。

总而言之，创造产品尖叫点不但高过了解决用户痛点的层次，更超越了使用户“痛快”的层次。它全面体现出产品在互联网时代的发展方向，应该引起企业的足够重视。

3.2.5 【360随身Wi-Fi】让用户痛快上网

对于Wi-Fi，相信只要是接触过网络的人都不会陌生。一般来说，人们使用Wi-Fi经常要在某个固定的场所内，借助无线路由器连接网络信号，一旦走出该区域，网络就会断开，这种上网形式多少会让人感觉有些不痛快。那么，有没有不受地域限制、让人想上网就能上网的Wi-Fi呢？这时候，360大出奇招，推出了一款硬件产品——360

随身Wi-Fi。这款产品具有“不耗费手机流量就能上网”和“插入电脑即可享受Wi-Fi”等特点，克服了无线路由器在使用时还需搭配连接Internet的电脑的不便。

360随身Wi-Fi在京东商城首次发售，仅用了1小时的时间，2万台产品就被抢购一空。在随后的两个月内，它又进行了五轮发售，其中第五轮销售因为抢购者太多，甚至引发京东交易页面瘫痪。这几轮销售下来，360随身Wi-Fi共售出了70多万台，成功实现了“饥饿营销”。

有些人会觉得纳闷，这个拇指般大小、像U盘一样的玩意儿，为什么人气如此之旺？这需要从用户思维说起。

我们常见的无线路由器不但个头大、占地方，而且不美观，价格通常在50元以上，用的时候还要设置；而360随身Wi-Fi则不同，它外形小巧、携带方便，价格才20元左右，插上电脑就能用。当你离开常用的网络范围时，无线路由器就无法继续发力，而360随身Wi-Fi则不同，你可以将它插在自己常用的上网本上，就可以实现上网本、手机、平板电脑等一系列智能设备的全部联网。不仅如此，你还可以为身边的朋友提供热点，实现资源共享。

对于一些经常在外面活动的人，例如经常出差的人、旅游爱好者等，360随身Wi-Fi的便捷性不言而喻。试想，这样的产品怎么会不受人欢迎呢？360随身Wi-Fi抓住了用户的痛点，从价格、外形设计、使用方法等方面一举提升了用户体验，这就是产品经营对用户思维的有效运用，也是其营销活动成功的主要原因之一。

3.3 粉丝

在当今时代，一个人如果没有粉丝，跟别人打招呼时都会显得底气不足。粉丝群体已经遍布到社会的各个角落，甚至发展成为一种经济形态，产生了深远的社会影响。

粉丝对企业的最大贡献就是盲目依从性。他们对目标产品的热爱程度是无与伦比的，超过了一般人的想象。他们不但会连续购买产品，而且会通过各种传播渠道，主动为企业做产品宣传。面对粉丝群体的巨大作用，所有企业都把发展粉丝、提高粉丝忠诚度作为自身的发展经营战略。接下来，笔者将对移动互联网时代下的粉丝重要性、粉丝发展策略以及借助粉丝实现企业腾飞的实例展开论述。

3.3.1 粉丝思维带动粉丝经济

粉丝思维是近几年来兴起的一个全新概念。它的中心意思是：粉丝代表口碑，口碑决定成败。在各类粉丝群体中，米粉是小米的粉丝，花粉是华为的粉丝，它们都被打上了企业的特色标签，甚至成为了企业的有机组成部分。

在现代社会中，不论是大企业还是小企业，都把粉丝拔高到一个前所未有的位置，认为大量的忠实粉丝才是企业走向成功的必要保障。但是，大多数企业同时也认识到一个事实，那就是培养粉丝着实不易。有些人认为只要肯花钱，就能得到大量粉丝，但这样的粉丝大多是所谓的“僵尸粉”，对企业的经营发展起不到什么实质作用。真正令企业重视并甘之若饴的是忠诚度和信任度极高的“铁粉”和“钢粉”，这些粉丝才是企业腾飞的关键。

那么，哪些方式是发展粉丝的有效途径呢？笔者认为主要有以下三点。

1 随时与粉丝进行互动交流，增进彼此的情感联系

2 传达有效的产品相关信息，引起粉丝兴趣

3 真心帮助每一位粉丝，为他解决实际问题

以上三点都是发展粉丝的有效方法。除此之外，企业还可以通过打造自身品牌的方式，以独具特色的品牌优势来获取广大粉丝的好感。

在各种粉丝群中，谈到最忠诚的粉丝群，一定是非苹果的粉丝群“果粉”莫属。苹果成功塑造了高端、创新以及简约大气的品牌，无论是从时尚性、外观设计还是实用功能上，它都做到了某种极致，赢得了社会各阶层人士的衷心喜爱，并将拥有一款苹果手机视作最高荣耀。苹果依靠品牌提高粉丝忠诚度的做法，值得其他企业深思。这无疑揭示了一个道理，那就是只有将自身产品做好，成功建立起独有品牌，才能得到粉丝们的衷心拥护，发挥出粉丝群体的最大潜在价值。

3.3.2 互联网中的粉丝运营

互联网时代的粉丝运营应该是什么样的？针对这个问题，“仁者见仁，智者见智”。各人都有自己的看法。但总体来说，这种运营形态应该是能够随时吸引核心用户群的注意，赢得他们的支持，并以此

产生更高的粉丝转换率和经济转换率。很多时候，核心用户就意味着忠实粉丝，他们是每家企业最宝贵的财富。在这方面，小米就做得非常不错。它的核心运营策略就是为核心用户提供极致体验，然后将他们发展成企业的忠实粉丝。

现代企业在经营管理时，应当汲取小米的成功经验，做好自己的粉丝运营策略。具体来说，主要有以下两点需要注意。

1. 打造金牌用户

什么叫金牌用户？就是一个群体中的明星和代表。企业若想将一个群体的目光集中到自己身上，首要条件就是吸引金牌用户的目光，取得他们的帮助，并以此为基础，产生广泛的宣传推广效应。例如“乐蜂网”微博在刚刚发布的几天时间里，就有一百余位明星进行转发传播。这些人中不乏高圆圆、羽泉、佟大为等大腕。他们的转发总量，保守估计达到了一亿次以上，发挥了十分强大的传播威力。这就很好地展现出了金牌用户所能产生的价值。

2. 长线发展

企业在运营过程中，一定要把眼光放长远，坚持既定的发展目标和经营策略，不能只注重眼前的蝇头小利，这样才能赢得用户的衷心爱戴，发挥企业的长期影响。在这一方面，《摩尔庄园》就是一个很成功的例子。

《摩尔庄园》网站面向众多儿童，着重打造成功的儿童社群平台。它不但禁止各类联系信息的传入，而且严格控制孩子的上线时长，由此赢得了众多用户的好感和支持，同时也实现了自身的长远发展。在这个例子中，《摩尔庄园》成功的重点就在于保持产品特色，减少商业元素的过多介入。这种坚持使它获得了目标用户的支持。

除此之外，为用户提供良好的分享感受，对用户进行建档分析，也都是很有效的粉丝运营方法。企业需要根据自身的发展需要，采取灵活多变的运营措施，如此才能对粉丝产生最大的吸引力，提升他们对企业的支持度。

3.3.3 让粉丝享受参与感

提到参与感，就必须回到产品身上。参与感的实质其实就是用户持续反馈，而商家予以认真回应的进程。这种全新的参与感模式，会使用户产生被商家极端重视的感觉，增加他们对产品的忠实度。

小米旗下的MIUI从很早之前，就开始创建“参与感”的运作模式。它的具体做法是不间断地接受用户的反馈意见，并根据这些意见更新产品。这种做法极大地提升了“米粉”们的参与感，使他们在某种程度上进入小米的开发环节中，增强了存在感，同时对产品建立起主人一般的感情。

	开放参与节点	设计互动方式	扩散口碑事件	参与用户	活动周期	参与人群
橙色星期五	● MIUI 产品需求 ● MIUI 产品测试 ● MIUI 产品发布	●论坛讨论 ●每周五更新 ●荣誉开发组 ●开发版和稳定版	●成功升级分享 ●四格体验报告 ●每周功能和公告 ●《100 个梦想的赞助商》微电影	MIUI 开发版用户	每周	百万人
红色星期二	小米网购买	预约，抢购	●每次开放购买结果公布 ●预约分享 ●晒单赢免单	购买手机用户	每周	百万人
爆米花	●线下活动地址选择 ●设计现场活动内容	●论坛投票 ●论坛上传活动方案 ●各地同城会	●现场微博分享 ●年度爆米花盛典 ●爆米花杂志	小米论坛活跃用户	每月	万人
红米手机	在线首发	●猜猜发布什么产品 ●转发即预约	红米 50 万人预约事件传播	QQ 空间的用户	一次性	千万人

续表

	开放参与节点	设计互动方式	扩散口碑事件	参与用户	活动周期	参与人群
《我们的时代》广告	在线首映	●点赞领礼品 ●制作个性宣言	●个性宣言的微博分享 ●广告片创作故事传播	互联网用户	一次性	百万人
小米服务点滴系统	收集服务改进创意	内部点滴系统提交，审核	全员公告与奖励	小米服务体系员工	每天	千人
小米开放日	●工厂生产 ●物流发货 ●小米之家现场服务	●到现场看 ●手动发货	自媒体传播	媒体人，资深用户	每季度	百人

小米的这种客户维系方式是很高明的，它使得客户由“局外人”变成了“自己人”，最终造就出一批忠于产品、忠于企业的铁杆粉丝。但是，实现客户的参与感并非一件易事，它对产品本身提出了很高的要求。这些要求包括。

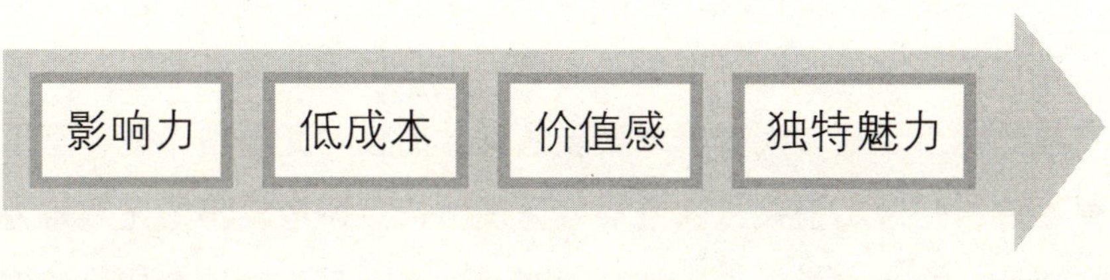

1. 影响力

产品必须具备一定的市场影响力，并在发展过程中保持这种影响力，如此才能为粉丝的信任注入一针强心剂，并使他们产生产品会愈加出色的信念。这是用户产生参与感的前提条件。

2. 低成本

用户在其参与的进程中，需要更低的参与成本。比如微信扫一扫可以实现瞬间关注，而微博则需要登录网站进行关注，对用户的关注成本进行比较，显然前者更为低廉。但是，微博具备导入网站的功能，而微信则不具备。这就要求我们在面对平台的差异性时，采取不同的处理方案。

3. 价值感

任何人在参与到产品的各个环节中时，都需要产品为自己提供价值感。比如很多人都对刷小米的活动趋之若鹜，这是因为该活动会给人带来极大的期望值和潜在价值。没有刷到暂且不论，一旦刷到就可以享受周围人群艳羡的目光。这种提供给用户价值感，从而吸引用户参与的方式，其实就是饥饿营销的核心策略。

4. 独特魅力

产品本身的独特魅力，是促使用户参与的最大缘由。为什么那么多人喜欢苹果，愿意掏出口袋里的最后一分钱凑钱买苹果？关键就在于苹果的魅力。很多人觉得苹果就是好，而且对此深信不疑，至于到底怎么好，却说不上来，这恰恰就体现出产品所散发出的无限魅力。在用户的认知中，其他因素都是次要的，产品是否具备令自己倾倒的魅力，才是真正的关键点。

3.3.4 IP大号引发的粉丝效应

近年来，很多行业都开始刮起一阵抢夺IP资源的飓风。在影视产业，《小时代》系列的票房已经超过了20亿，《后会无期》也创下了6.5亿元的高票房。在这两个奇迹般的电影背后，是郭敬明和韩寒两个“80后”作家，说得更确切些，应该是两个作家身后的巨大粉丝群体。

在当下的移动互联网时代，粉丝群体是最珍贵的IP资源。它已经超越了简单的拥簇范畴，变成了能够创造出海量收益的“聚宝盆”。这种现象也引发了很多企业大佬的关注，他们开始纷纷创建个人网络品牌，建立属于自己的IP大号，期望能够借到粉丝经济的东风，实现企业自身的发展。

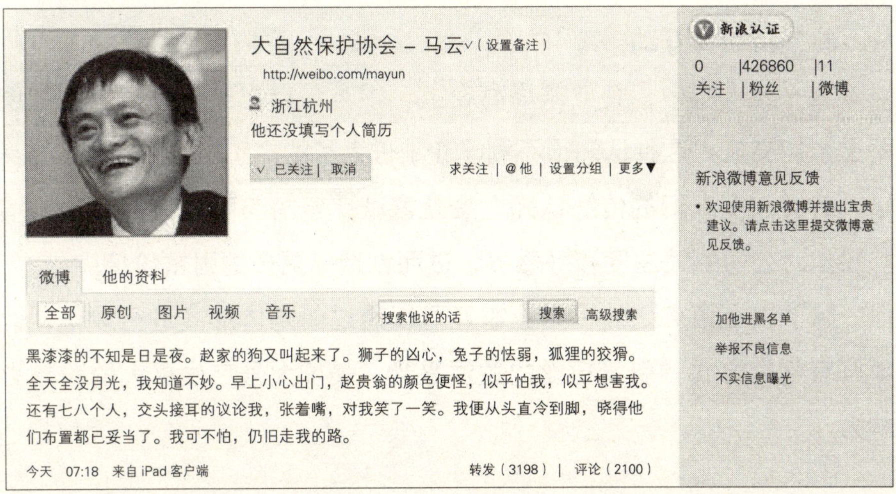

但是，并不是所有的企业家都能成功构建IP大号，这里面有两个方面需要引起我们的注意。接下来，笔者将对它们进行具体阐述。

与互联网思维紧密相连

坚持粉丝互动

1. 与互联网思维紧密相连

IP大号只有成功运用互联网思维，借助互联网的广泛传播性吸引大众，才能做到真正玩转互联网。比如在2005年，股神巴菲特创造性地将微软巨头比尔·盖茨拉入自己公司的董事会中，利用比尔·盖茨在互联网世界中的影响力，产生了极大的轰动效应。这就是对互联网思维的灵活运用，体现出了互联网时代的内在精华。

2. 坚持粉丝互动

在一般人眼中，企业家高高在上，很难与自己产生交集，更加谈不上亲切交流。这种认知很不利于企业IP大号的打造。

若想改变人们的传统认知，企业家就要坚持与粉丝进行互动，增加粉丝对公司的关注度和好感度，进而创造出更多的财富价值。

除了以上两点之外，企业家还可以通过新媒体形式进行炒作，以新鲜有趣的方式，引发粉丝的关注兴趣，使IP大号产生更大的粉丝影响力。

3.3.5 别再小看“脑残粉”

在当今社会中，当人们谈到“脑残粉”时，总是抱有一种不齿的态度，认为这个群体有别于一般的粉丝，是“无耻”和“秀逗”的代名词，应该斩尽杀绝才好。其实这是一种误解。从粉丝经济的角度上来讲，“脑残粉”非但不是洪水猛兽，反而在很多时候，能起到极大的作用，是现代企业梦寐以求的宝贵资源。

“脑残粉”这个称呼本身并不重要，真正的关键点在于它所能产生的价值。只要能够产生足够的价值，我们就可以说“脑残粉”是好样的。那么，它的价值到底体现在哪里呢？我们可以通过以下两方面来认识。

“脑残粉”是真粉丝

“脑残粉”是传播品牌价值的推手

1.“脑残粉”是真粉丝

首先，我们应该弄清楚一个概念，那就是真粉丝。真粉丝并不等同于消费者，因为消费者既可以购买这家企业的产品，也可以购买别家企业的产品，他对品牌的支持是不固定的。而真粉丝却会持续不断地购买一种品牌的产品，对该产品抱有极高的认同度。根据上述认识，“脑残粉”不但可以包容某产品的各种缺陷，而且能够以近乎狂热的心态去支持和购买产品，他们当然是品牌的真粉丝。

2.“脑残粉”是传播品牌价值的推手

“脑残粉”会盲目转发目标产品的各类信息和评论内容，而且这些信息往往都是正面的。他们以这种方式表示自己对产品的忠诚与赞赏。这种行为本身就是增加品牌知名度，是产品传播的最佳模式。企业会因此拓宽产品的影响层面，产生最大化的收益。

此外，很多用户都喜欢在各大网站上点赞和使用大量表情符号，以此来表达自己的某些情感和态度。这是一种在互联网时代下很平常的行为，但以传统观念来看，却有些“脑残”。所以，我们最好不要看不起“脑残粉”，因为我们其实都有点“脑残”。

3.3.6 【腾讯时尚】玩出粉丝营销新花样

在粉丝经济不断发展的现代社会，腾讯时尚在粉丝营销方式上不断推陈出新，创造出很多极具特色的新玩法和新花样。其中的典型案例就是“时尚+明星”模式。

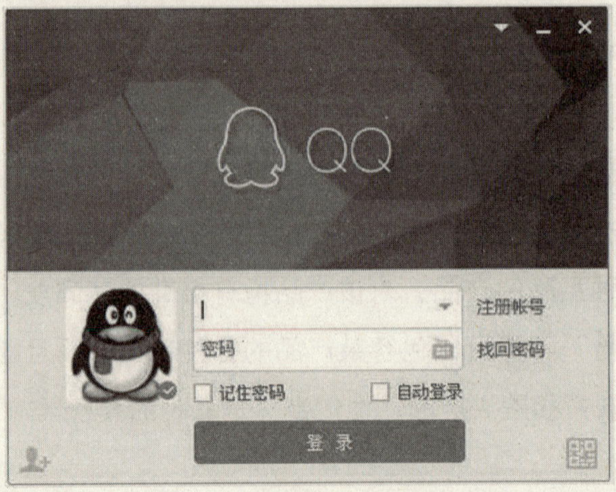

“时尚+明星”是将传统的明星营销与互联网时尚相结合，利用大数据的优势，将营销目标由原本的“提高企业产品知名度”变为

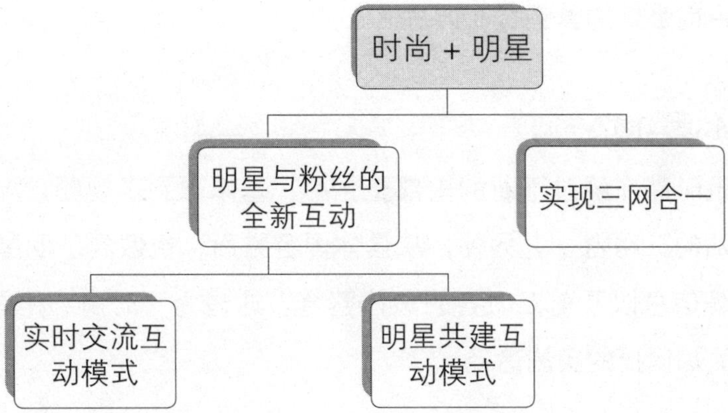

“准确定位，有效传播”，从而建立起客户和品牌产品的最新沟通渠道。具体来说，它的内容包括以下两个方面。

1. 明星与粉丝的全新互动

著名偶像组合TFBOYS第一次在线上进行弹幕互动活动时，就出现了每小时232万次网友互动的惊人数字。这一情况有力表明了，互联网时代下的明星营销已经颠覆了传统的营销模式，产生了极优的营销效果。这种极具创新化的营销模式，包含了以下两种新玩法：

① 实时交流互动模式

这是腾讯特有的互动交流方式，在形式上极富创新性。明星和粉丝可以通过植入产品信息的腾讯平台，做到面对面的亲密交流。例如在2015年度的《中国好声音》上，腾讯就开展了好声音学员网上收费投票的活动，以此来实现学员和粉丝的互动。

② 明星共建模式

邀请明星共建宣传产品策略，也是一种很时兴的明星营销战略。它的好处就在于可以借助明星效应，达到有效提升产品影响力的目的，是目前最好的营销整合方式之一。

2. 实现三网合一

腾讯时尚在经过不断的内部整合后，基本做到了视频、APP以及应用网站的三网合一。另外，从具体内容方面，也做到了明星信息、产品品牌信息以及前卫内容的总体整合。这也为“时尚+明星”模式提供了更加便捷的实施途径。

Chapter 4

四个重点——深度玩转互联网思维

4.1 专注

有的企业总是抱有这样的困惑：我已经足够专注，为什么还会失败？实际上，这种自封的专注并不是真正的专注。企业若想真正做到专注，其实并不容易。

娃哈哈创始人宗庆后表示，他这一生只能做好饮料业，别的都不成，也没有足够的精力。在市场竞争不断加剧的今天，企业如果不能把所有精力放到一个项目上，使其不断完善进步，进而创立属于自己的品牌优势，那么它就会被市场无情淘汰。在这个过程中，最重要的一点就是专注。接下来，笔者将从专注二字出发，讲一讲它的重要性、具体内容以及对企业产生的实用价值。

4.1.1 专注思维决定成败

专注思维是一种将全部心思汇聚到目前产品上的思维模式。企业在经营活动中，如果无法树立专注思维，失败就是很自然的事情。那么，到底怎么做才是真正的专注呢？专注思维又为何如此重要？笔者认为主要有以下两点。

1. 专注每一环节

专注所针对的对象并不是某一个点，而是产品开发过程中的每一个环节。企业需要在产品的开发初期，就将项目产品看透挖深，保证产品从一开始就能做到足够出色，为以后的销售环节开一个好头。在开发过程中,企业则要专注于产品的优势，确定自己的产品没有被替代的可能。只有这样，企业才能做到真正专注，从而开发出最优秀的产品。

2. 专注产品特色

企业在对产品进行宣传时，需要认识到产品对用户的最大吸引点，并确立有效的宣传营销策略，这样才能突出产品特色，引发用户的最大购买兴趣，从而产生最优化的宣传效果。

企业专注产品，实则是在关注产品的各个方面与各个环节。只有将这些方面与环节做到最好，并将其产品做出独有、无法被模仿的特色效果，才能使企业由专注走向专业，从而由专业走向成功。

我们必须认识到，如果产品无法做到足够成熟和优质，它就不具

备足够的市场竞争力，更无法支撑起后续产品的开发和经营。在这种时候，只有专注，才能为产品及其所有后续产品，提供最坚实的保障。

4.1.2 找准产品焦点

现在的市场行情是：用户都在关注大品牌、名品牌的产品，而对种类繁多的小品牌产品置之不理。为什么会这样？答案就是品牌产品具备足够优秀的标签特色，可以产生吸引用户关注的焦点。这种情况表明了一个现状，那就是企业若想使产品产生真正的吸引力，就要找准产品的焦点。企业为产品找准焦点的办法主要包括。

1. 化繁为简

在现代社会中，行业太多，产品更多，根本无法提供给产品从容打造多个焦点的机会。所以，与其“多而泛”，不如“少而精”，将产品的焦点尽量集中在几个，甚至一个上面，做到简单明了，如此才能引起更多用户的注意，产生最优化的吸引眼球的效果。

2. 坚持到底

企业对产品的开发改造一定要从打造焦点开始。不论最后的发展目标是什么，中途遇到了多少困难和险阻，都不要改变既定的焦点战略，而要坚持下去。只有如此，才能守得云开见月明，取得最终的成功。试想当初的QQ如果在一开始的时候没有把熟人社交作为核心发展战略，并一直坚持到今天，也许我们现在使用的社交产品就不是它了。上述例子阐述了一个简单、却也很深刻的道理，那就是不论产品周围有多少相关产业，都无法动摇核心焦点的地位。只有把打造产品焦点作为一个长期事业，并坚持不懈地进行下去，才是企业取得成功的根本保障。

4.1.3 专注渠道还是产品

在互联网还未兴起的时候，厂家若想把产品卖到消费者手中，就要借助批发商和零售商等中间环节，走间接渠道路线。这种方式弊端很多，主要有两点。

流通环节繁复：从厂家出货到消费者购买会耽误很多时间，并造成很多不必要的损耗

成本提高：中间商出于自己的利益考虑，会压低进价，提高出价，并收取中间的转手费用。这在无形中减少了厂家收益，提高了厂家的生产成本

由于当时商业流通体系的不完善和直接流通成本极高，厂家只能被迫接受中间商的压榨，并把争取良好的流通渠道作为企业的核

心发展战略。比如广州的生产商，想要把产品卖到北京，就要借助中间环节的力量，寻找最优化的流通渠道，而不能采取直接面对北京消费者的经营策略。

这种情况随着互联网的发展得到了改善。互联网的海量信息化、全民社交化等特点，转变了以往信息不对等的状况，使厂家能够以电商的形式直接面对客户，从而跳过了一切不必要的中间环节，实现了流通渠道的扁平化。但是，互联网的飞速发展，不仅为厂家创造了更好的发展机遇，同时也向它提出了严峻的挑战。新时代下的客户因为购买方式的简单化和产品种类的多样化，开始对产品提出更高的要求。这种要求的内容是产品需要超出他们的心理预期，引发他们的内心尖叫。

根据上述种种，我们可以看出，“渠道为王”的传统发展战略已经过时，“产品为王”才是新时代企业的终极发展目标。所谓“产品”，绝不仅指有形的产品，还包括了无形的产品，也就是“服务”。只有在这两方面同时满足客户需求，给客户最极致的产品体验和服务享受，才能称得上是真正的“产品为王”。

4.1.4 成王败寇，强者恒强

这一节我们只谈两个词语，一个是“成王败寇”，另一个是“强者恒强”。

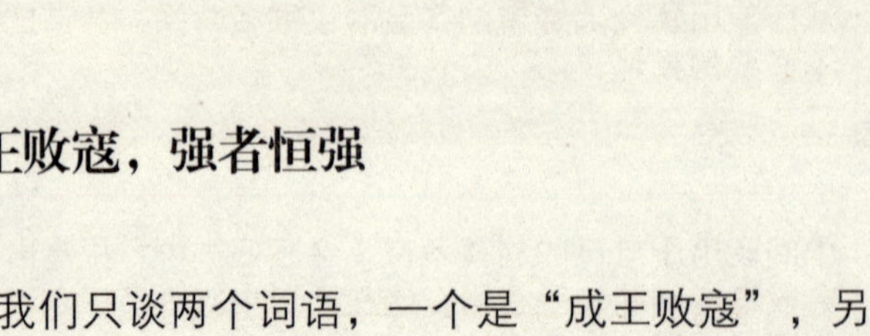

1. 成王败寇

“成王败寇”这个词不但可以应用到政治、军事领域，也可以引申到经济、生活领域，它是对成功者和失败者处境差异的最佳写照。在这里，我们只谈它对互联网商业的影响。

“成王”实际上是“剩王”，“败寇”实际上是“败走”，什么意思呢？就是说最后剩下来的，就是成功者；而中途走了，消失了的，就是失败者。为了加深理解，我们可以看下面的例子。

在中国的互联网企业中，最成功的巨头始终是三大家：腾讯、阿里巴巴和百度。它们的成功体现在何处？不是其创造了多少的成交额，也不是其获取的海量用户，而是他们直到现在，还生存在市场上，还处于我们的视线范围之内。有人会对此提出疑问，这叫做成功吗？笔者会很坚定地回答：这就是成功。成功就是在市场的汹涌大潮下始终屹立不倒，并使自己成为“真金”。换句话说，就是剩下来了。只有剩下来，才能一直赚到钱；只有一直赚到钱，才能叫做真正的成功。

在互联网刚刚兴起的时候，各类企业如过江之鲫，纷纷涌入这个行业，其中不乏创造奇迹的企业。但是他们现在在哪里？答案是都已经被市场淘汰了，都“走”了。试想一个不存在的企业，哪怕拥有再辉煌的过去，又怎么能叫做成功呢？我们评价企业是否成功的标准其实很简单，就是两条内容：一、一直存在；二、持续赚钱。而不存在的企业是无法赚到钱的，这也意味着他们是失败者。

2. 强者恒强

谈完了成王败寇，再来谈强者恒强。如今的互联网巨头企业，因为占据了市场资源优势，并不断完善经营管理策略和相关技术，在地位上更加难以被撼动。比如互联网三大巨头，由之前借助技术优势复制其他企业的产品，到干脆以收购的形式，直接将好产品划归己用。这种巨鳄肆虐的发展形势，给其他中小企业造成了很大的发展压力，使后者的崛起变得更加困难。这种强者恒强的情况，也是当前互联网社会一个不容忽视的现实。

成王败寇，强者恒强，这是现代社会中无法改变的发展现状。但是对于那些想要在互联网行业中立足的企业来说，巨头们的地位虽然很难挑战，然而只要坚持下去，就有迎来发展契机的机会，这无疑给了中小企业一丝希望。

4.1.5 【唯品会】专门做特卖的网站

有这样一家网站，天猫借鉴它的模式搞出了品牌特卖，当当网借鉴它的模式搞出了“尾品汇”，其成功历程已经成为一个经典案例，引发了众多互联网企业的争相效仿，它就是唯品会。

唯品会的成功并非一帆风顺，他曾在上市第一天就陷入股价低迷的窘境，很多人都认为他已经没有未来。可是在最初的走低之后，唯品会股价的连续攀升又告诉了那些想看笑话的人们：我不但没有倒，反而成功了！

那么，唯品会成功的秘诀有哪些呢？笔者认为主要在以下几个方面。

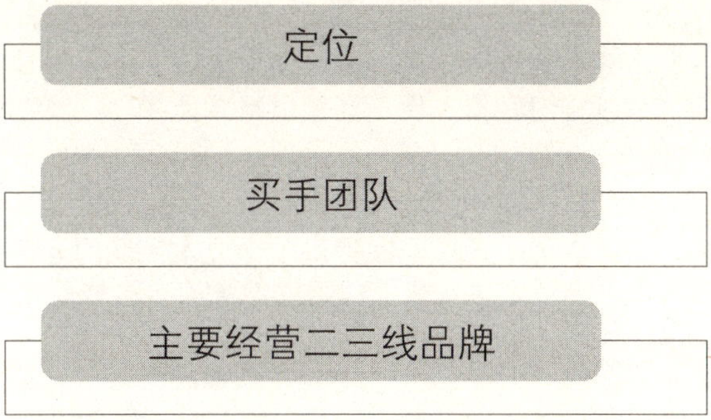

1. 定位

唯品会给自己所做的定位就是特卖，而且是最好的特卖。它雇佣了很多专业模特，使用模特展示的方式进行促销活动，将过季库存清理出去。这种极端重视产品的态度，使消费者产生了商家是在做正品的错觉，从而得到了心理上的满足感。

2. 买手团队

唯品会内部拥有专业素质过硬的买手团队。这使得唯品会可以准确把握品牌优劣、客户喜好以及特卖商品最佳配合方式等内容，做到满足不同客户的具体需求，从而使后者对网站产生黏性。因此，我们可以说，优秀的买手团队就是唯品会的核心竞争力，是唯品会能够取得成功的关键所在。

3. 主要经营二三线品牌

唯品会开始时主要经营奢侈品品牌，但并未取得成功，于是他转而向二三线品牌靠拢，这也是唯品会的一次重要转变，其原因有三。

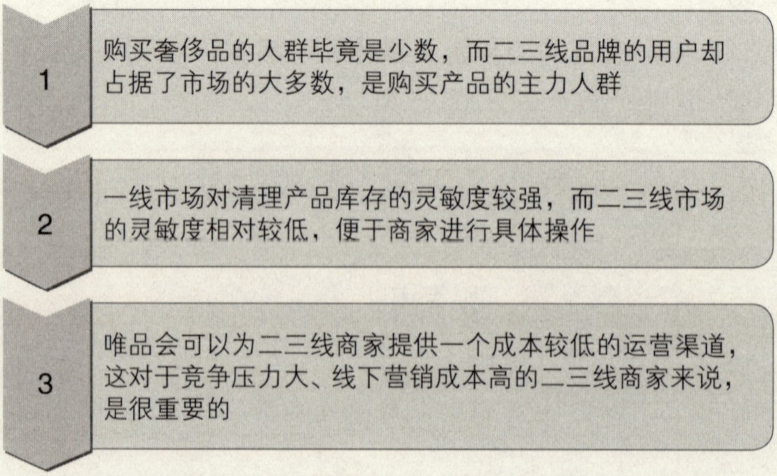

唯品会成功的秘诀还有很多，例如把商家的商品直接买过来出售，使用商品代销模式，将用户体验作为内部考核方式等。这些特色方面都是唯品会取得良好业绩的重要因素。

4.2 极致

极致，到底是什么呢?

它是追求。无论企业做什么产品，极致应是他唯一的追求，因为只有极致才能赢得客户的由衷喜爱。

它是结果。用户在使用产品时，总是会做比较，哪种产品比较好就会使用哪种产品，哪种功能比较好就会倾向于哪种功能。最终我们发现，用户总是在使用极致化的产品。

它是思维。互联网时代讲求用户体验，以用户体验为核心，提供最出色的产品和服务，就是极致思维的要求。这也体现了商家思维模式的转换。

总而言之，极致的观念已经得到了大众的认可。不论商家，还是消费者，无不把追求极致作为自己进行商业活动的根本出发点和立足点。

4.2.1 “追求最终极”的极致思维

在互联网时代的大潮下，企业若想将产品做好做优，赢得客户的由衷青睐，便要在生产经营中运用极致思维。但是，很多人对极致思维的理解存在着偏差。在他们的理解中，所谓的极致就是指把产品的各方面功能都做到极致，得到每个人的喜爱。殊不知这种思维模式忽略了产品的“个性”因素，太过强调全面发展，最后反而会使产品陷入平庸无奇的境地。

对于一款产品而言，高大全从来不是它的追求。能否在某一方面做到出类拔萃，并取得其他产品无可比拟的效果，才是赢取消费者欢心的关键。要想做到这一点，就要从以下三个方面进行努力。

不要在关键功能上进行模仿

规避最流行产品的特色功能

适度发展，切忌急功近利

1. 不要在关键功能上进行模仿

一款产品只要能够在市场上站稳脚跟，就说明其关键功能已历经市场考验，趋于成熟。如果一味模仿这类产品功能，只能使自身产品陷入亦步亦趋、无法进步的窘境之中。

2. 规避最流行产品的特色功能

如果一款产品已经赢得了千千万万用户的喜爱，牢牢把握着市场风向，那么它就很难被打倒或是取代，例如QQ和百度等。模仿开发与这种巨头产品类似的产品，往往会使商家陷入费力不讨好的境地。

3. 适度发展，切忌急功近利

目标用户的需求存在差异性，而产品功能的变化则会引发他们的迥异反应。这就要求企业在经营产品时，采取循序渐进的策略，提供给用户适应产品的时间，从而达到满足用户需求的目的。

其实，极致思维的核心就在于不模仿，因为只有独具特色，并能够激发用户最大使用兴趣的产品，才能使企业有机会独占鳌头。

4.2.2 拒绝“不出色”

很多企业在开发新产品之前，都会信心十足，想要开发出一款足够出色的产品，以此来赢得最广大用户的喜爱，在市场上做到“笑傲江湖”。但是，这种雄心会在产品的开发过程中逐渐消磨殆尽，企业会在这个过程中发现一个无奈的现实，那就是开发出一款真正出色的产品实在是太难了。其中不仅需要大量的资金、技术以及人力投入，更是要承担巨大的失败风险。因为没有人是预言家，不可能准确判断出市场的风向，很可能费尽心力开发出来的产品，投入市场后却连一朵水花都溅不起来。

企业的领导者会因此而灰心丧气，降低了对产品的要求，由120%的标准降低到100%，再降到80%，甚至更低。其目标也由“出类拔萃”变成“差不多就行了”。这无疑令人扼腕，最终只能导致整个企业的失败。

为了应对上述情况的发生，使产品做到持久出色，企业需要做到以下三个方面。

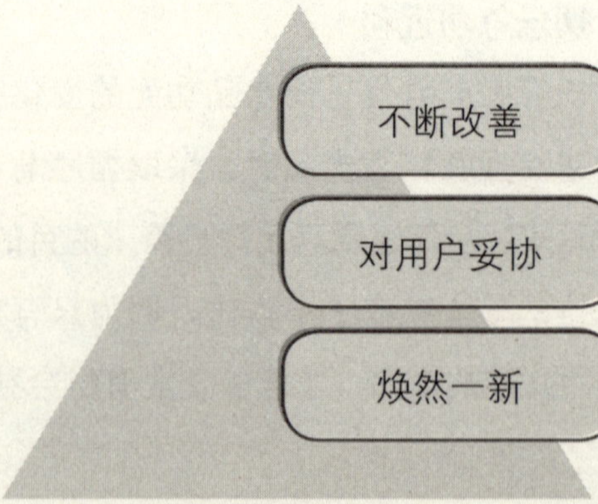

1. 不断改善

企业在设计产品时，肯定会有很多独具特色的想法，但这些想法却不一定符合客户的需求。所以企业在设计环节时不能闭门造车，而要认真听取最广大用户的意见，做到有效改进和不断完善。只有这样，才能生产出成功的产品。

2. 对用户妥协

用户只是根据自身需要提出对产品的见解，而忽略了很多专业性的知识。产品设计者此时切忌站在专业者的角度，对用户的意见嗤之以鼻，而要适当妥协，使产品尽量符合大多数用户的具体需求。毕竟产品生产出来后的受众是用户，后者对产品的认可才是最重要的。

3. 焕然一新

企业在对产品进行更新换代后，要使用户产生耳目一新的感觉。只有做到了这一点，才说明产品的改造是成功的。如果用户对更新后的产品反应平平，甚至发表负面的评论，则说明改进方案存在很大问题，这就需要企业重新改进产品。只有这样，才能赢得用户的真正认可。

4.2.3 拥有匠人精神

过去的木匠在做活儿时，总是对自己要求很高，无论是一桌一椅，一床一柜，都要精雕细琢，把家具做得结实耐用且兼具美观，不然就是失败，连客户的钱都不好意思收。这就是匠人精神。

世殊事异，木匠这个行当已逐渐消失在人们的视野中。但是匠人精神却并未过时，在互联网快速发展的今天，它更是被注入了全新的活力，成为促使企业力争上游，提高市场竞争力的指导精神。

瑞士钟表业一直是世界钟表业的龙头老大，其地位根深蒂固，按理说很难被人动摇。但是二十世纪六七十年代时，日本钟表业却异军突起，其产品物美价廉，更是融入了最先进的电子计时技术，无论是在产品成本还是科技含量上，都占据了全面的优势。面对这种不利形势，有人提出外包的策略，也就是使用瑞士的品牌，将产品的生产权包给日本公司。这种方法可以有效降低生产成本，提高收益，是当时国际上一种很时兴的经营策略。

瑞士钟表业的从业者犹豫再三，却没有采取上述策略，而是坚持自己生产钟表，利用自己几百年积累的技术优势和严谨到极点的工作态度，将钟表内部原本300左右的零部件减少到100个，成功降低了成本，提高了质量，终于重新占据了绝对优势。

瑞士钟表业的成功便是匠人精神的成功，而匠人精神的核心便在于专注和极致。从上述例子中我们可以看出，当产品竞争力下降，技术优势不再时，任何所谓的策略方法都是无效的，只有专注产品，将产品做到极致，才是企业争取市场而应当走的正道。

4.2.4 超越用户预期值

将产品和服务做到最出色的地步，就叫做极致。但是什么叫做最出色？最出色的地步又是哪种地步呢？这一点却是仁者见仁，智者见智了。依笔者看来，所谓的最出色，就是成功超越用户的预期值。如果产品和服务无法超越用户的预期值，只是令用户达到基本满意的程度，那就说明产品离极致的地步还很远。

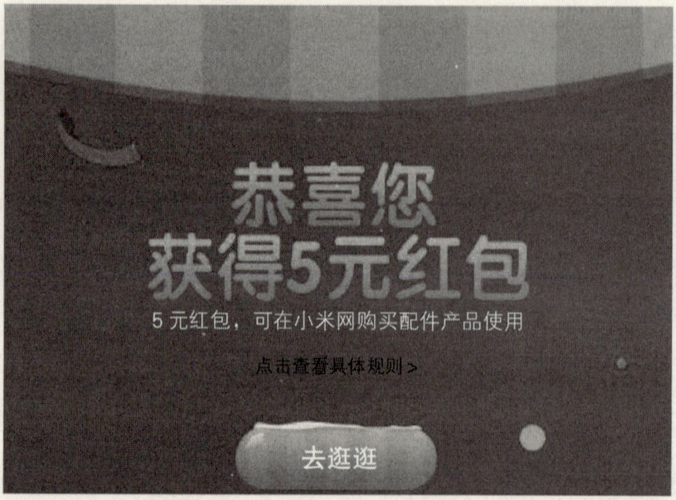

小米在其很多经营举措上，就十分注重超越用户的预期值。其中一个典型案例就是对发票的处理方式。小米上市初期，开发票十分困难，只好欠着不少客户的发票。后来情况发生了变化，小米得到了机打发票的许可，于是他同时启用多台打印机，不停打印发票，期间更是用坏了一些打印机，终于将所欠发票成功送到用户手中。此外，小米还在寄送发票的同时，附上了手机保护膜和贺年卡，给用户带来了额外惊喜。

小米在处理发票的问题上，便成功超越了用户的心理预期值。不但在第一时间将发票送到了用户手上，更是采取赠送小礼品的方式，使用户得到了额外满足。从小米的做法中，我们可以得到如下启示：企业在为用户提供产品和服务时，不但要将用户的具体需求理解透彻，而且要更进一步，给用户以额外“惊喜”，使他们得到意料之外的极致享受。这才是超越用户预期值的真谛所在。

4.2.5 抓住用户“三点”

何谓“三点”？即用户的痛点、痒点以及兴奋点。只要商家成功抓住了用户的这三个点，就等于把握住了用户的脉门，在做营销活动时，必将无往而不利。

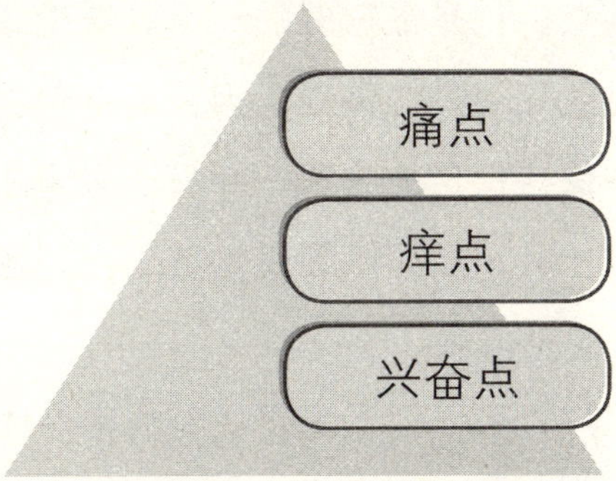

1. 痛点

这一点我们平时说得最多，它指的就是用户存在的问题。例如用户没有胃口，吃不下东西，但他又需要营养，长期饮食不规律会导致他营养不良。这时，如何帮助用户正常饮食就是“痛点”，是他亟需解决的问题。企业在经营产品的时候，若想成功解决用户的痛点问题，就要针对目标用户的具体需要，生产出满足其个性需求的产品。

2. 痒点

痒点就是指用户明明需要却怎么也抓不住的部分，这就要求企业采取主动方式，将用户抓不住的问题展现出来，然后成功解决。如果用一个例子来表现痒点，那就是一个人肚子饿了，想吃饭，这时有无数的饭店可供其选择，然后这个人走进了其中一家饭店用餐，这是因为在所有饭店都能满足其吃饭需求的前提下，他就会做出符合其口味的选择。企业在面对用户时，也要注意提供别家企业所不具备的产品和服务，贴合用户的具体“口味”，这样才能成功赢取用户的青睐。

3. 兴奋点

兴奋点，顾名思义，就是使用户表现出快感的某一点。这是“三点”中最高级的一点，也是最重要的一点，若想成功抓住用户的兴奋点，首要条件就是获取用户的信任。因为只有建立牢不可破的信任，才能使商家与用户保持稳定的沟通，而只有沟通才能使商家明白用户真正期待的到底是什么，从而做到有的放矢，制定合乎实际的营销策略，成功抓住用户的兴奋点。

我们经常说用户体验，但是真正优秀的用户体验却是不容易做到的。只有准确抓住用户的“三点”，把握住用户的真实需求，采取灵活多变的应对措施，才能将用户体验做到极致。

4.2.6 【极致蛋糕】烘焙业的极致思维

2011年，曾在《传奇3》运营团队中供职的吴滋峰，利用其独到的互联网思维，对传统烘焙业进行了互联网改造，创办了极致蛋糕。创立伊始，吴滋峰就为极致蛋糕确立了三大服务标签，分别是2小时送货、货到付款以及信用购买，这就为极致蛋糕树立了独具特色的经营模式，使其与传统烘焙业完全区分开来。

极致蛋糕的独特经营思维主要体现在以下三点。

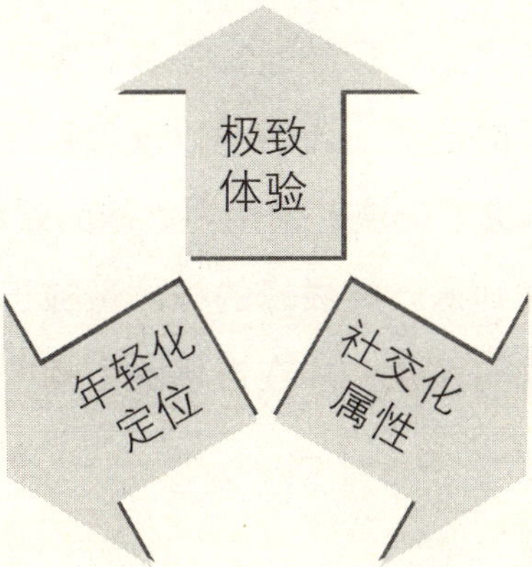

1. 极致体验

极致蛋糕比传统烘焙业更加重视用户体验。吴滋峰表示，他希望把极致蛋糕打造成完全网络化的新型企业，主要依靠线上下单的方式，令客户享受到极致蛋糕的优秀服务。这种全新的经营模式为用户提供了极致的互联网体验。

2. 年轻化定位

在互联网时代，年轻人的行为习惯较之以前发生了很大变化，他们对传统的黑森林蛋糕和拿破仑蛋糕等产品失去兴趣，而是更加关注于具备情感因素和时尚因素的产品。针对这种情况，吴滋峰为极致蛋糕设立了很多特色服务，以便迎合年轻人的具体需要。例如星座系列蛋糕，不仅口感出色，外观漂亮，而且针对星座的月份变化随时推出不同款类，引发了很多年轻人的关注。

3. 社交化属性

吴滋峰认为，他的极致蛋糕并不仅仅是售卖蛋糕，还是在出售一种新颖的社交模式，其最终目的，是建立一种用户间互动交流的新模式。为了达到这个目的，极致蛋糕在其各类活动中融入了不少社交因子。例如举办线下的会员交流活动以及每月进行的新款蛋糕体验会等。这些活动有效增进了交流，使用户之间的联系变得更加紧密。

逆水行舟，不进则退。吴滋峰的极致蛋糕正是依靠着不断创新，将产品和服务不断推向极致，才在市场的大潮中逆流而上，取得了令世人瞩目的成就。

4.3 口碑

口碑这个词语听起来与标签类似，其实却是与后者完全不同的词汇。标签是企业为自己树立的具体定位，具有很大的可控性；而口碑则是客户给企业的定位，具备完全自由的特性。口碑和标签不一定重合，而当两者重合的时候，就表明企业离成功已经不远了。

只有优秀的产品才能产生良好的口碑，而良好的口碑又会通过用户的口耳相传，起到无限放大的效果。但是，口碑不会凭空产生，如果没有产品作为基础，即使靠假口碑横行一时，也必将得到失败的苦果。所以，如何建立良好的企业和产品口碑，是现代企业孜孜以求的事。

4.3.1 社会化营销的爆点

社会化营销并非是最近才出现的营销模式，在微博产生之后，它也随之诞生，并渐渐取代了传统的营销方式，成为很多企业青睐的“新宠”，具备了广泛的社会影响力。在这个过程中，人们对社会化营销的本质有了更加清晰的认识，那就是利用社会化媒体的力量去宣传产品，监督产品在用户群中的口碑，保持老客户的忠诚度和拓展新用户。

企业在做社会化营销时，不仅需要把握其发展规律，使其对企业发挥积极影响，还要尽量避免其可能产生的负面影响。只有这样，才能充分利用社会化营销的口碑落地点，做到成功引爆社会化营销。

企业若想使社会化营销产生最大化的营销价值，就要从以下几个方面着手。

更新理念

- 企业需要改变传统的传播理念和营销方式，做到思维方式的随时更新和对社会化媒体的深刻认知。只有如此，才能使社会化营销落在实处

积极纳新

- 每当最新的社会化媒体出现时，企业都要积极尝试，在实际体验中摸索出它的内部规律，并找到它与企业发展经营的最佳结合点

寻找交叉点

- 社会化媒体中包含有很多不同的特性，例如传播性、营销性以及社交性等。这些特性经过层层提取后，会与企业的品牌和产品产生交叉点，如果企业能够找到并合理利用这些交叉点，必将会对企业的产品经营产生十分积极的影响

除此之外，对相关数据的深入挖掘以及使用KPI等方式进行评估优化也是利用社会化营销的有效方式。企业需要不断熟悉社会化营销的内在规律，采取适合自身的营销策略，从而取得最优化的营销效果。

4.3.2 让用户发展用户

企业在营销活动的过程中，经常会遇到一些有形或无形的阻隔，使得营销活动无法取得良好效果。例如大批量的广告、销售人员的上门宣传等，这些活动不但投入巨大，而且往往会引发用户的厌恶心理和逆反心理，从而起到反作用，可谓是得不偿失。当遇到这种情况时，最好的办法便是利用“用户发展用户”的模式，使企业产品的口碑在用户间广泛传播，从而起到最优化的宣传效果。

“用户发展用户”的传播模式主要分为以下四种。

裂变式传播

炫耀式传播

领袖式传播

利益式传播

1. 裂变式传播

在互联网时代，各类网络社交工具将人们紧密联系在一起。每当一个用户对某产品产生好感，并进行宣传推广时，他就会变成一个传播源，向他周围的亲朋好友进行宣传，从而产生辐射效应。之后该用户的亲朋好友又会裂变成为全新的传播源，在各自的圈子里进行辐射宣传。以此类推，将会产生巨大的传播效果。

2. 炫耀式传播

每个人的内心都存有炫耀和攀比的因子，人们希望通过炫耀和攀比来表现自己与众不同的社会价值。商家可以利用人们的这种心理，对产品进行针对性包装，增添时尚亮点，使用户产生使用该产品是一件很潮、很值得夸耀的心理。如果企业能够做到这一点，产品就会在用户群中产生极大反响，甚至引发跟风效应。这对于扩大产品知名度，增加产品潜在价值很有帮助。

3. 领袖式传播

现代广告的公信力已经大不如前，人们对其的信任度更是每况愈下，取而代之的是用户领袖的意见。所谓用户领袖，指的是目标用户群中最具影响力和权威性的一些人。这些人可能是大V，可能是自媒体牛人，甚至可能是居委会大妈，他们的身份不一而足，但是却拥有一个共同之处，那就是他们在目标人群中具有很高的认同度和信任度。人们愿意听取他们的意见，相信他们的说法。企业在开展营销活动时，与其广泛撒网，不如找准意见领袖，从他们身上打开突破口，以此来达到领袖引导传播的目的。

4. 利益式传播

“天下熙熙，皆为利来；天下攘攘，皆为利往”。社会上的每个人都是追求利益的个体，用户在购买产品时也不例外。商家若想使产品达到最优化的宣传效果，就要让用户看到切实的利益，用利益来刺激用户的购买欲望，例如使用附加类服务以及优惠奖励政策等，引起用户的最大购买兴趣，从而在用户群中获得好的口碑。

互联网时代的营销模式与以往完全不同，强调的是快速创新与优化组合，所以不能使用传统孤立的眼光来看待上述四种营销方式，而要根据实际情况，将它们组合起来，如此才能达到最好的宣传目的。

4.3.3 像病毒一样扩散

对于病毒营销这个词汇，我们的耳朵都听出茧子了，它是互联网时代下深受现代企业青睐的营销方式，具备广泛的社会影响力。但是当我们剥开病毒营销的外皮，会发现口碑才是其内在的核心，所谓病毒营销，其实就是口碑营销。

病毒营销有6大常规武器，可以使产品口碑像病毒一样，在目标用户群中扩散开来。

1. 微博

微博具有140字的限制规则，因此也诞生出了无数简单却经典的段子，在互联网用户间产生了极大的影响。此外，姚晨、谢娜等微博女王的出现，更是吸引了一大批粉丝的眼球，使微博的影响力进一步扩大。商家若想使产品得到最大程度的宣传，就不能忽视微博的地位，最佳的做法是在微博上发送一些引人入胜的内容，从而起到宣传自身的作用。

> 【明星做广告应该带点常识，不要既装病又秀下限】帖子推荐：[灰常点评] 闰土微博碉堡了！！大晚上的看评论肚子都快笑抽筋了 http://t.cn/zOjoDq8
>
> 收起 | 查看大图 | 向左转 | 向右转
>
> @张杰V：一直在为巡演北京人民大会堂首站做准备，刚在医院做核磁共振，时间挺长，机器声音挺吓人，我就带上 beats 耳机，试试我手机里独有的 Beats Audio 音效。嗯，这么听，感觉很独特也放松多了，要谢谢音乐哦我以后会继续跟大家分享我的感觉，@天翼手机 @HTC-Life
>
> 4月26日 16:59 来自 HTC 新渴望 VC

2. 微信

微信作为目前市场上最受欢迎的网络社交类产品，已经拥有几亿用户。商家可以利用微信的庞大用户群，以及其随时随地可以交流互动的特点，发送产品相关信息，与用户建立更加稳定的关系，从而提高后者对产品的忠诚度。

3. 博客

博客营销也是一种很好的营销方式，但其很注重文章的质量。企业若想有效利用博客开展营销活动，就要打造出创意十足且情感动人的好文章。只有这样，才能得到用户的认可和赞赏，起到应有的宣传效果。

4. 视频

病毒视频能达到吊足用户胃口，引起用户极大期待的良好效果，商家可以利用这一点，发挥出良好的营销宣传作用。然而需要注意的是，病毒视频的制作需要较大的资源投入，并不适用于实力一般的小商家。

5. 朋友圈

朋友圈的曝光率极高，受众极广，而且人们对于朋友圈内容的信任度也是其他宣传平台无法比拟的。商家完全可以利用朋友圈的强大功能，适度发送产品推广消息，从而达到宣传产品的目的。

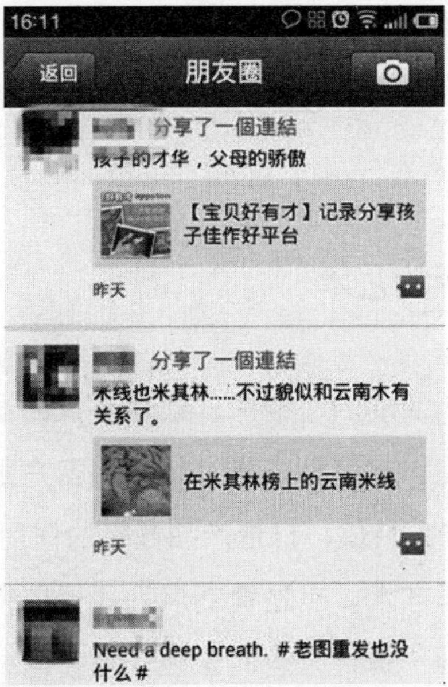

6. 论坛

各大论坛一直都是不容忽视的网络平台阵地，拥有大量的忠实拥簇者。商家可以在论坛上发布一些与产品有关的信息，引起论坛用户的关注。这也是一种很好的产品宣传方式。

以上6种“武器”都是很好的营销工具，企业只要能够善加利用，必会取得良好的宣传营销效果。

4.3.4 包装与刻画的艺术

企业在开展营销活动的过程中，最需重视的便是产品的包装与刻画。其中包装是外在，起到创造卖点、吸引客户眼球的效果；而刻画是内在，起到体现产品特质、打造产品性格的作用。

包装与刻画都是艺术，也是营销活动能否取得成功的关键所在。这就像是人的两条腿一样，只有两条腿长短相同，人才能正常行走。

接下来，笔者将会对包装与刻画展开具体论述。

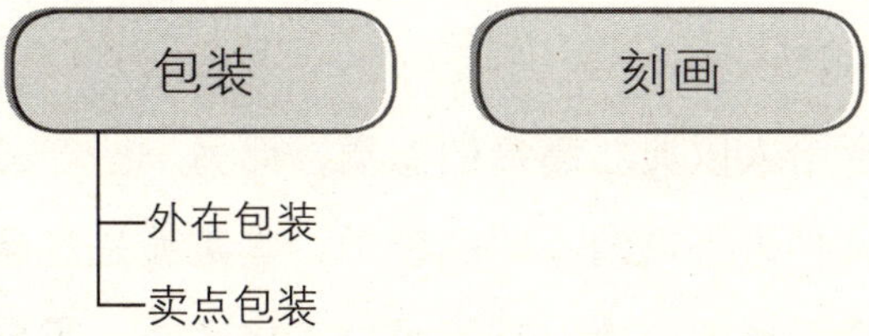

1. 包装

① 外在包装

此类包装更多体现在产品的外在表现形式上，例如产品的包装盒、产品的外观设计等。这些东西如果能够做得美观大方，就可以迅速抓住客户的眼球，激发客户的购买欲望。

② 卖点包装

商家可以对产品的某项特色功能进行针对式包装，达到引发客户兴趣的效果。例如中兴刚刚推出小鲜手机时，就针对前后均为800万像素的摄像头，将其包装为自拍神器，引起了很多年轻人的购买兴趣。这就是卖点包装的典型案例。

2. 刻画

有些产品会给人以典雅高贵的感觉，而另一些产品则可能给人小清新的感觉。这种说不清道不明的感觉，其实就是产品的内在性格。产品性格是一个无形的东西，它很难被直接赋予，需要企业在设计产品的过程中不断寻找、不断改进，最终形成一种整体上的成熟特质，并将这种特质牢牢刻画在产品身上。换句话说，产品性格的刻画是一个长期的过程，需要企业对产品进行耐心打磨。

产品性格的形成会给企业带来丰厚的回报，例如在手机行业，一谈到性价比最高，我们会立即想到小米，一谈到高端好用，我们会立即想到苹果。其实这就是产品性格的成功。

4.3.5 每个人都是自媒体

在互联网不断发展的时代，无论是谁，只要能够发布一条微博，或是推送一条朋友圈信息，就可以自称为自媒体人。相较于传统媒体，自媒体的门槛之低令人不可思议，但它偏偏就成为一种现实，并在社会中产生了越来越重要的影响。

在全民自媒体的社会，每个人都是作者，同时也是读者，可以发送信息，也可以接收信息，这就使得自媒体间的联系变得愈加紧密，逐渐形成了一个庞大的自媒体互动网络。企业若想搞好自身的口碑营销，就要利用好自媒体的联系优势，努力圈住大量的自媒体，以此来产生最大化的产品传播影响。

在全民自媒体时代，企业需要特别注意以下几点。

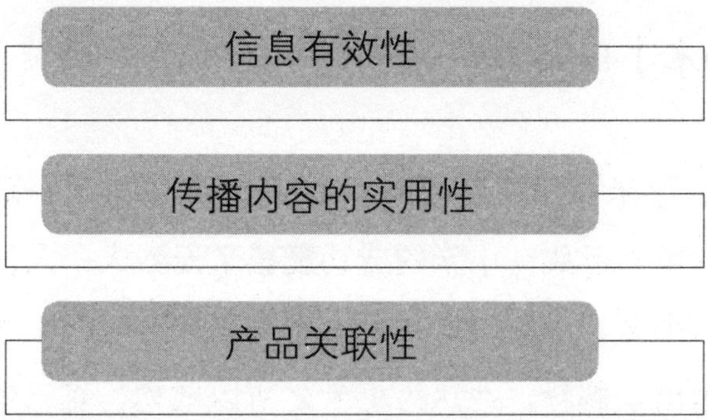

1. 信息有效性

企业在利用自媒体进行产品营销时，需要注意产品是否能够引起用户的使用兴趣，判断用户是否愿意接受对产品信息进行传播推广。如果答案是否，那就说明相关产品信息是无效信息，根本无法引起用户的分享兴趣。

2. 传播内容的实用性

企业在对产品进行宣传推广时，不能一味关注口碑营销的具体效果，而要把重点放在用户传播的内容上，确定其传播内容是否为企业真正需要推广的有效内容，这样才能为企业的营销活动开一个好头。

3. 产品关联性

生活中，人们最关心的往往是和自身利益息息相关的消息。企业在使用自媒体推广时，也要注意使产品和目标客户产生联系，只有做到这一点，客户才会真正产生分享兴趣，自媒体传播的方式才能发挥切实作用。

4.3.6 【小米】口碑为王

2013年，小米公司成功达到100亿元的总估值，一跃成为中国互联网公司中的第四巨头。小米的成功震撼了无数人，人们不禁呐喊：小米太牛了！那么，小米成功的秘诀到底是什么呢？小米的联合创始人雷军对此做出了解释，他认为小米之所以成功，有三个原因：优秀的创业团队、不断创新的思维模式以及粉丝经济。而三者中最为重要

的一点，就是粉丝经济。

雷军如此重视粉丝经济并非没有缘由，小米的粉丝，也就是俗称的“米粉”，在小米的崛起过程中发挥了不可替代的作用。从某种程度上说，米粉才是帮助小米实现腾飞的根本动力。

小米公司曾经做过一项统计，在2012年时，小米配件商城的营业额达到了6亿元左右，但小米配件的价格却并不高，这就说明购买小米配件的人数极多。从这个数据中就可以看出米粉的力量所在。那么，小米是如何赢得大量米粉的由衷支持呢？答案只有一个，那就是口碑。

小米在树立口碑的过程中主要做了以下几件事。

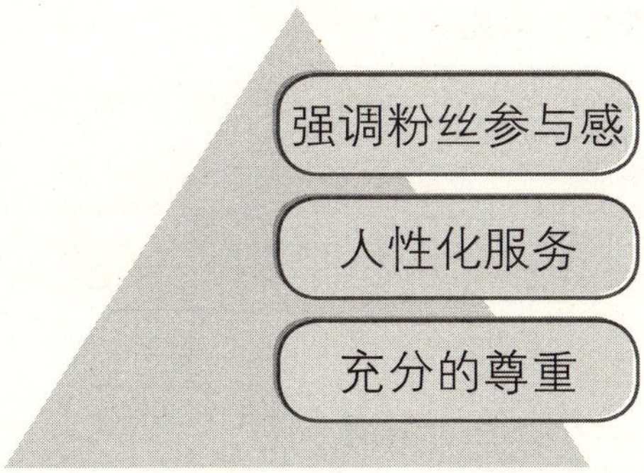

1. 强调粉丝参与感

小米在其产品生产营销的各个环节，都使粉丝参与进来，认真听取他们的意见，并做出针对性调整。另外，小米还通过微博、微信等网络平台，举办各类线上活动，以这种方式吸引粉丝的主动介入，从而增强他们的参与感。

2. 人性化服务

小米在其各个方面的工作中，都体现出人性化服务的特点。例如小米的一线客服，在遇到用户投诉等问题时，能够以自我判断为基础，采取适当的补偿措施，比如赠送手机贴膜或是小配件等。这种贴心的服务为小米赢得了很好的口碑。

3. 充分的尊重

小米对用户的尊重是全方位的。例如小米在确立产品的最终功能形态时，会通过论坛投票的方式，主动听取用户的反馈意见。这种充分尊重用户意见的做法，正是小米成功的关键所在。

小米在其发展壮大的过程中，一直致力于打造良好的企业口碑，并以此赢得了众多用户的坚定支持。这也是小米能够在市场上披荆斩棘，取得傲人成绩的主要原因。

4.4 快

互联网时代留给人们的最深印象是什么？那就是快。这种快主要体现在以下两个方面。

遥想十几年前，互联网企业三大巨头百度、腾讯和阿里巴巴不过是刚刚起步、名不见经传的小公司。但是现在，他们已经成为相关行业的巨鳄，旗下的产品更是不断更新，影响着我们生活的方方面面。那么，“快”的精髓到底是什么？它为何具有如此大的魔力？我们又该如何利用互联网中的“快”思维来实现自身的发展？笔者将在本节回答这些问题。

4.4.1 唯快不破的快思维

无处不在的竞争使现代社会变成了一个大争之世。传统企业需要竞争，因为互联网企业的快速崛起已经对他们构成了重大威胁；互联网企业需要竞争，因为快速发展变化的互联网对他们提出了更高要求，使得他们之间的竞争变得愈发激烈。在这个世界上，只要存在竞争，就会出现胜败。没有任何一家企业想做市场上的失败者，那么唯一的应对办法就是全力争胜。而争胜的关键，就在“快”字上。

“快”是互联网赋予当前社会的新观念，企业若想在其经营发展的过程中做到“快”，就需要树立互联网时代下的快思维，使用这种思维模式处理企业的各方面业务，从而实现真正的快。

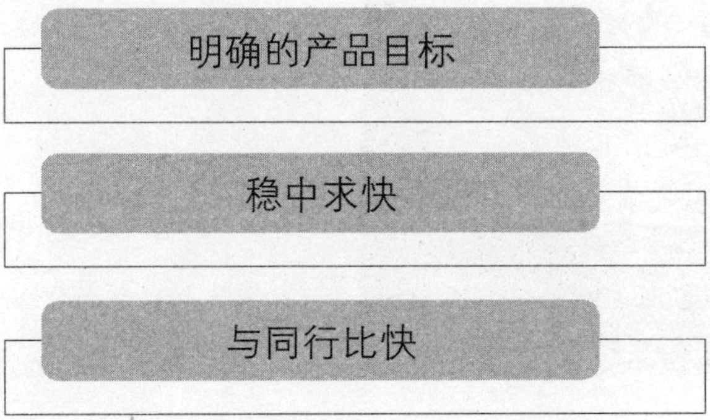

1. 明确的产品目标

企业在生产产品之前，需要先想好产品的形态效果与相关环节，做到有备而战，这才是实现快的基础。如果产品没有明确的目标，就会像盲人过河一般，想快也快不起来。

2. 稳中求快

很多商家在产品的开发过程中一味求快，忽视了用户的改进意见和不良反馈，这种行为必会导致产品的根基不稳，从而使企业流失掉大量的用户。正确的做法应该是在提高产品质量和产品服务的基础上，加快产品生产速度，从而实现稳中求快。

3. 与同行比快

互联网时代的产品开发往往与企业自身无关，却和相关行业有

关。通俗来说，就是企业在开发一款产品时，必须与同行比快，抢先占领市场，才能创造最大化的经济价值。这是因为在现代市场中，同类产品的产生速度非常快，往往会在极短时间内出现几十甚至上百款类似产品。商家如果不能及时抓住机会，比诸多同行早一步进入相关市场，最终只能在激烈的市场竞争中败下阵来。

“快”这个字中隐含着一个陷阱，那就是重视生产效率而忽视产品质量。企业在生产经营的过程中，固然要将产品做快，同时更要将产品做好。这样才能真正提高产品的市场竞争力，赢取目标用户的坚定支持。

4.4.2 互联网的“快时尚”

互联网的兴起，颠覆了人们的传统思维模式。这种颠覆表现在购物环节，就是人们的购物观产生了极大变化，由对产品价格的重视转移到对产品质量、附属服务以及相关体验的更高要求。针对这种情况，企业需要不断优化自身的产品和服务，加快产品的生产和迭代速度，以此来适应用户不断变化的需求。

但是，产品的更新迭代从来不是一件容易的事。伴随着相关技术的不断进步，产品迭代的周期越来越短，企业若不能抓住有利时机，做到及时出手，就会错过迭代的机会，落入“一步慢，步步慢”的窘境之中。

那么，产品快速迭代的正确方法到底是什么呢？笔者认为主要有以下几点。

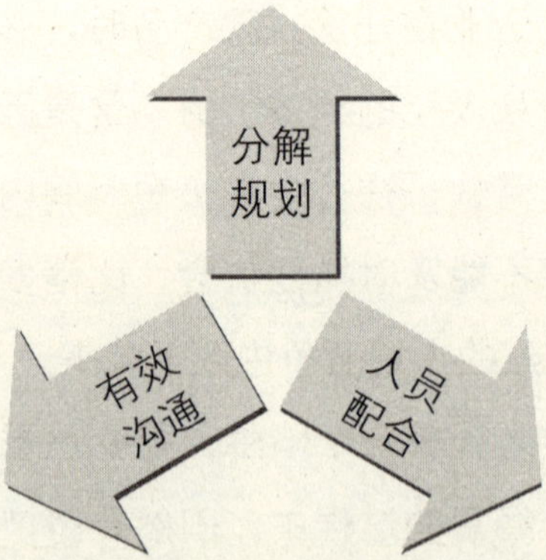

1. 分解规划

产品迭代的速度极快，往往在几天之内就会完成。在如此短暂的时间内，若想做好产品的迭代工作，需要研发团队将整个工作分解为不同的子工作，并规划好每部分子工作的内容安排和任务目标。这种做法能够有效提升迭代效率，减轻整体任务的压力。

2. 有效沟通

每一次产品迭代都离不开研发团队成员的努力。企业在迭代工作开始之前，先要将每个人的工作任务分配下去，并做到有效沟通，使团队中每位成员都明白自己该做什么事，以及做到什么程度。这是迭代工作能够顺利完成的必要保障。

3. 人员配合

除了使团队成员了解自己的具体工作任务外，还要使他们之间达到合理配合，产生最大化的合力。因为只有利用团队的高执行力和集体优势，才能保证迭代工作快速有效的完成。

除此之外，企业在产品迭代的过程中，需要随时做好内部沟通和部门协调的工作，认真听取用户的有效反馈意见，这样才能使迭代工作取得成功。

4.4.3 落后就要挨打

本节开宗明义，点出了互联网时代企业发展的本质。

为什么这样说？其实原因很简单，那就是现代产品的迭代速度实在是太快了。硅谷某工程师曾经说过，他不敢休三天以上的假，因为这样做的结果是他回来后什么都不懂了。对于日新月异的互联网发展来说，这句话绝不是危言耸听，反而是某种程度上的现实。企业在高速发展的互联网社会中，不但不能停止前进的步伐，反而需要加快前进的步伐，努力跟上时代的脚步。只有这样，企业才能保证自身在市场大潮的冲刷下，始终保持屹立不倒。

企业若想实现自身的发展，关键在于产品，而产品的成败又取决于其更新迭代的速度。有些人认为迭代等于完全颠覆，其实这是错误的看法。正确的迭代是指在产品原本的基础上持续增补，使产品不断接近于完美的境界。当然，原始产品一定要体现出吸引用户的核心价值，这是它赢取首批用户支持的基础，只有在此基础上发展起来的产品，才具备迭代价值。

企业在了解了产品迭代的重要性和操作方式后，下一步就是实践了。但是问题恰恰就出现在这里，很多企业发现，自己对迭代的重视程度已经足够，操作也很正确，却还是做不好迭代。这种情况令他们很是苦恼和疑惑。其实在笔者看来，企业没有成功的原因其实很简单，那就是没有找准迭代的立足点。

迭代的根本立足点是什么？不是企业，更不是技术，而是用户。换句话说，产品的迭代必须满足用户的需求，否则就是失败。企业若想成功做到这一点，就要充分重视用户的反馈意见，不但要做到认真听取建议，做出针对性修改，而且要为用户提供更多的意见反馈渠道，以便保证反馈的及时性。

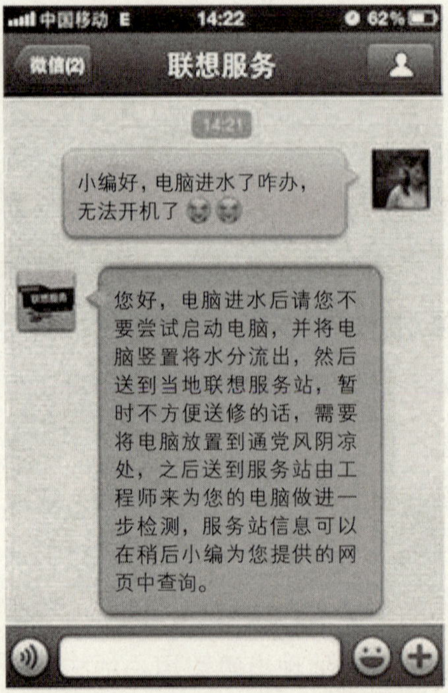

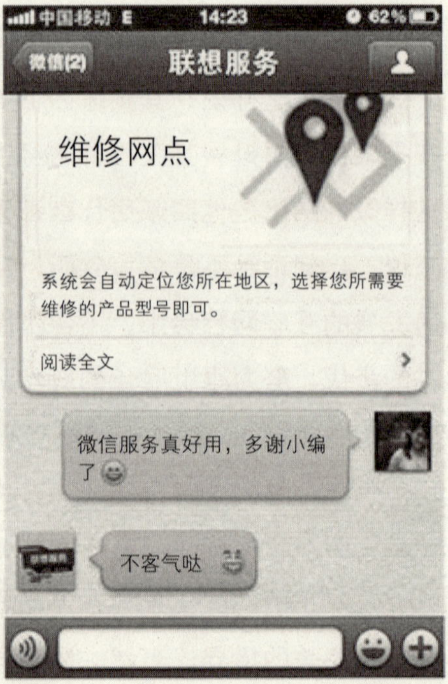

用户反馈的重要性不言而喻，企业只有将用户反馈和产品迭代结合起来，才能在赢取用户支持的同时，加快产品迭代的步伐，从而在竞争激烈的市场中抢占先机。

4.4.4 快速反应用户需求

很多企业家都信奉一个准则，那就是产品为王。这种想法当然不能算错，但在飞速发展的互联网时代，这却显得有些片面。

产品经理在开发产品之初，或多或少都有些完美主义。要求将产品做得尽量完美，希望用极高的产品质量来征服用户，为此甚至不惜增加产品的开发时间。但是，这种行为太过僵化，既无法对用户的具体需求做到快速反应，又失去了抢占市场的先机，最后往往会使企业陷入失败的境地。

在当前社会，大多数产品起步时并不完美，然而它们却准确把握到了用户痛点，成功抢占了市场先机，从而赢取了目标用户的支持。在此基础上，企业又进行了不间断的更新迭代，使产品的自身功能趋于完善。到了这个时候，企业已经牢牢占据了市场的优势地位，即使是质量高、功能优的新产品，也会因为入场太晚，丧失了与其竞争的机会。

面对这种“早起的鸟儿有虫吃”的局面，我们真正需要做的，便是成为“早起的鸟”，在数目众多的同类中争取“吃虫”的先机。只要吃到了，就算是抢到了市场，占据了优势，之后再通过产品的更新迭代来“慢慢消化”。在这个过程中，吸取用户的反馈意见是一个很重要的方面，只要企业把握住这一点，就可以使产品的迭代更富有针对性。

所以，企业在新时代的发展中，保持产品为王的观念固然不错，但更重要的是要树立先机求胜的新思维，然后根据目标用户的需求变化及时补充产品功能，如此才能使产品赢得更多用户的支持，实现自身的快速发展。

4.4.5 运营模式的新挑战

在互联网时代，市场给予产品的开发时间是极其有限的。只有快速进入市场，并且在进入市场后不断更新迭代的产品才能够存活下来。这种求快、求新的经营态势，不但为企业带来了全新的挑战，也为其带来了很好的发展机遇。它要求企业在其经营发展的过程中，颠覆以往的运营模式，完成在互联网模式下的全新改造。

在互联网快思维的影响下，企业运营模式产生了与之前完全不同的特点，它们主要包括以下两点。

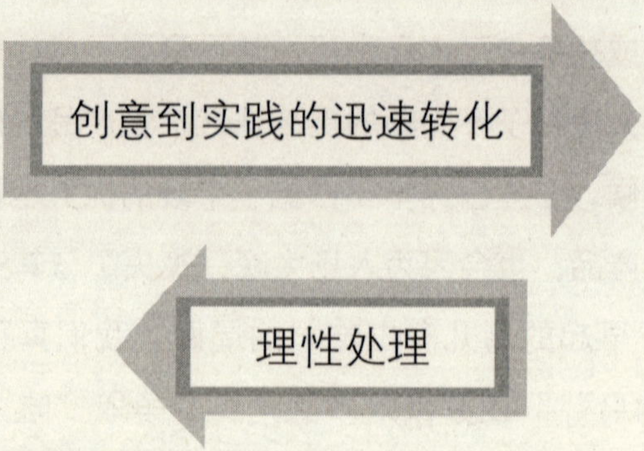

1. 创意到实践的迅速转化

当创意出现的时候，最佳的应对办法就是马上执行，使该创意产生真正的价值。这是因为在互联网大潮下，好的点子和想法实在太多，而且会产生很大的雷同性。再好的创意如果无法做到立即着地，就很容易被其他创意盖过，从而失去实践价值。

2. 理性处理

企业在将创意迅速转化为实践的过程中，需要保持足够的理性。

现代成功学大师拿破仑·希尔曾表示，天下最悲哀的一句话就是：我当时真应该那么做，却没有那么做。企业在运营过程中也要注意保持理性思维，将快速发展纳入科学理性的轨道上来。只有这样，才能使互联网快思维真正产生价值。

当前社会最忌讳的一件事便是光说不做，一旦有了好的创意，就要第一时间落实，并在落实过程中做到既稳且快，这才是企业走向成功的不二法门。

4.4.6 怀念经典不如快速革新

2014年，奇虎360突然宣布进军游戏主机市场，此举引起了舆论的一片哗然。后来据内部知情人士的透露，人们才发现奇虎360早已通过跨行合作的方式，与小葱游戏一同开发了大酋长安卓主机，为进入新市场做好了充足的准备。

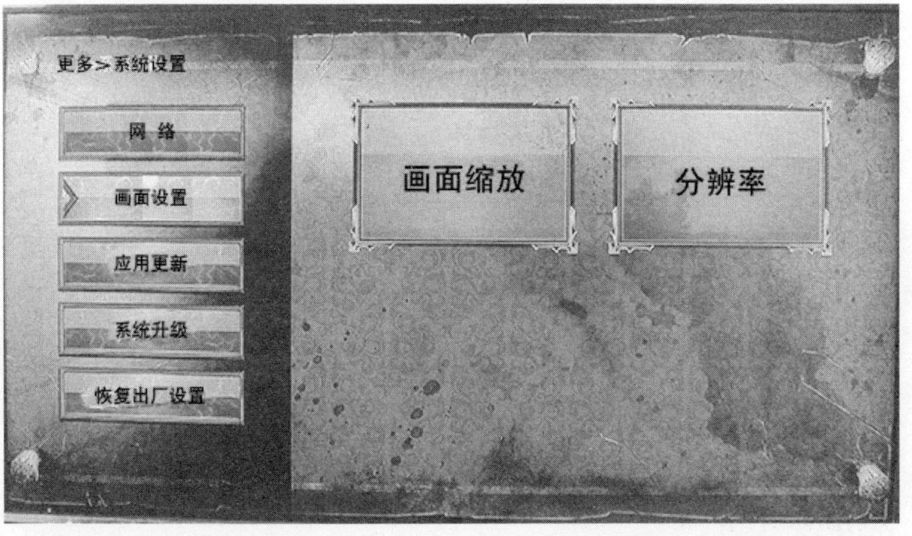

奇虎360老板周鸿祎为此宣称："怀念经典不如革新时代。"表明了自己对游戏主机领域的看好。其实奇虎360的跨行战略能否取得成功并不重要，重要的是它在跨行战略中体现出的"快一步"思维，这才是奇虎360不断取得进步的关键所在。

"快一步"思维是很多互联网大佬经常会用到的核心经营思维，它集中体现了互联网时代的快速发展战略，是互联网巨头企业实现跨越式发展的根本要素。

当很多小电商还在纠结于争夺城市客户时，阿里巴巴老板马云已经向大西北进发；京东老板刘强东则在全国展开"京东帮服务店"业务。他们的目的很明确，那就是抢夺农村市场这块未经开发的"处女地"，从而将电子商务推广到全国各地。

过去的经典虽好，却已经成为过去时，如果死抓不放，故步自封，反倒会束缚住我们的手脚，落后于整个时代。上述互联网巨头的"快一步"思维，带给了我们很重要的启示，那就是现代企业若想实现自身发展，就要时刻走在行业前端，以快速创新赢得市场。

总而言之，正像周鸿祎所说的那样，与其怀念经典，不如快速创新。这才是企业实现发展进步的核心战略。

4.4.7 【微信】移动互联的快速崛起

谈到移动互联网的崛起，有一款产品不得不提，那就是微信。

微信是腾讯公司开发的一款社交类产品，它的出现颠覆了人们以往的互动交流模式，迅速赢得了大量用户的支持，并给各行各业带来了前所未有的冲击。

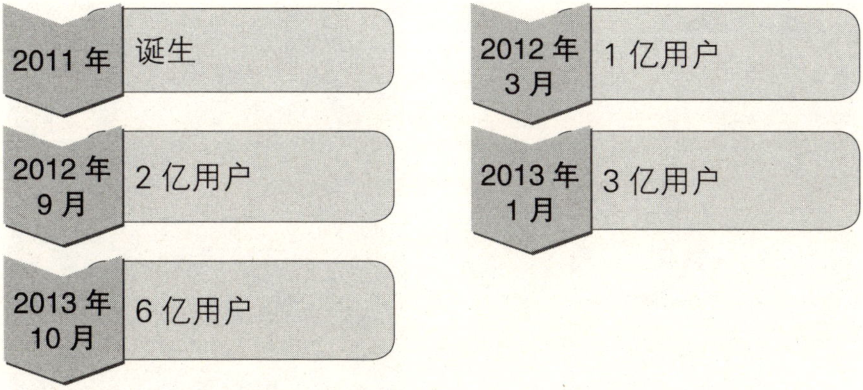

微信能够取得成功的原因有很多，最主要的是以下几点：

1. QQ支持

不得不说，腾讯公司的核心产品QQ，给予了微信很大支持，尤其是在微信进入市场的初期，QQ利用自身庞大的用户群优势，全力推广微信，使微信获得了最初的用户群。在这一时期，很多微信用户甚至就是以前的QQ用户。他们因为相信QQ，才使用了微信这款产品，从而转变为第一批微信用户。

2. 试错修改

试错就是在已有数据和经验的基础上，使用有序或无序的方法，不断试验可能成功的方案。微信在其初级开发阶段，产品功能很不完善，市场前景也并不明晰。张小龙带领的微信开发团队对原始产品进行了持续的试错和迭代，目的就是寻找最优化的产品改革方案，从而赢取更多用户的支持。

3. 迅速创新

微信在其发展过程中遇到过很大瓶颈。2011年5月，微信用户一度达到400万人，但其增长速度却大大放缓，甚至出现停滞现象。针对这种情况，微信研发团队迅速推出了“对讲机”功能，初步缓解了业务压力，又在之后的几次迭代中，陆续推出“寻找附近好友”“摇一摇”等功能。这些功能不但新颖有趣，而且使互动交流模式变得更为快捷简单，从而使微信得到了大量用户的青睐，实现了跨越式发展。

总而言之，微信的成功不是偶然，而是腾讯公司顺应了互联网发展大势的必然结果。当快速创新的思维模式深入到微信研发迭代的方方面面时，其成功也就水到渠成了。

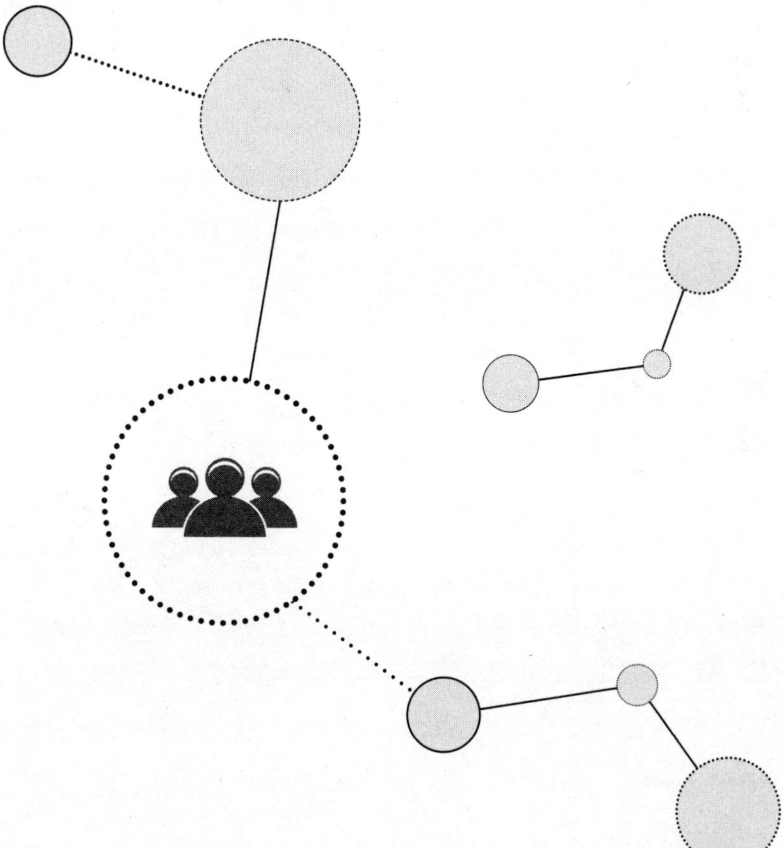

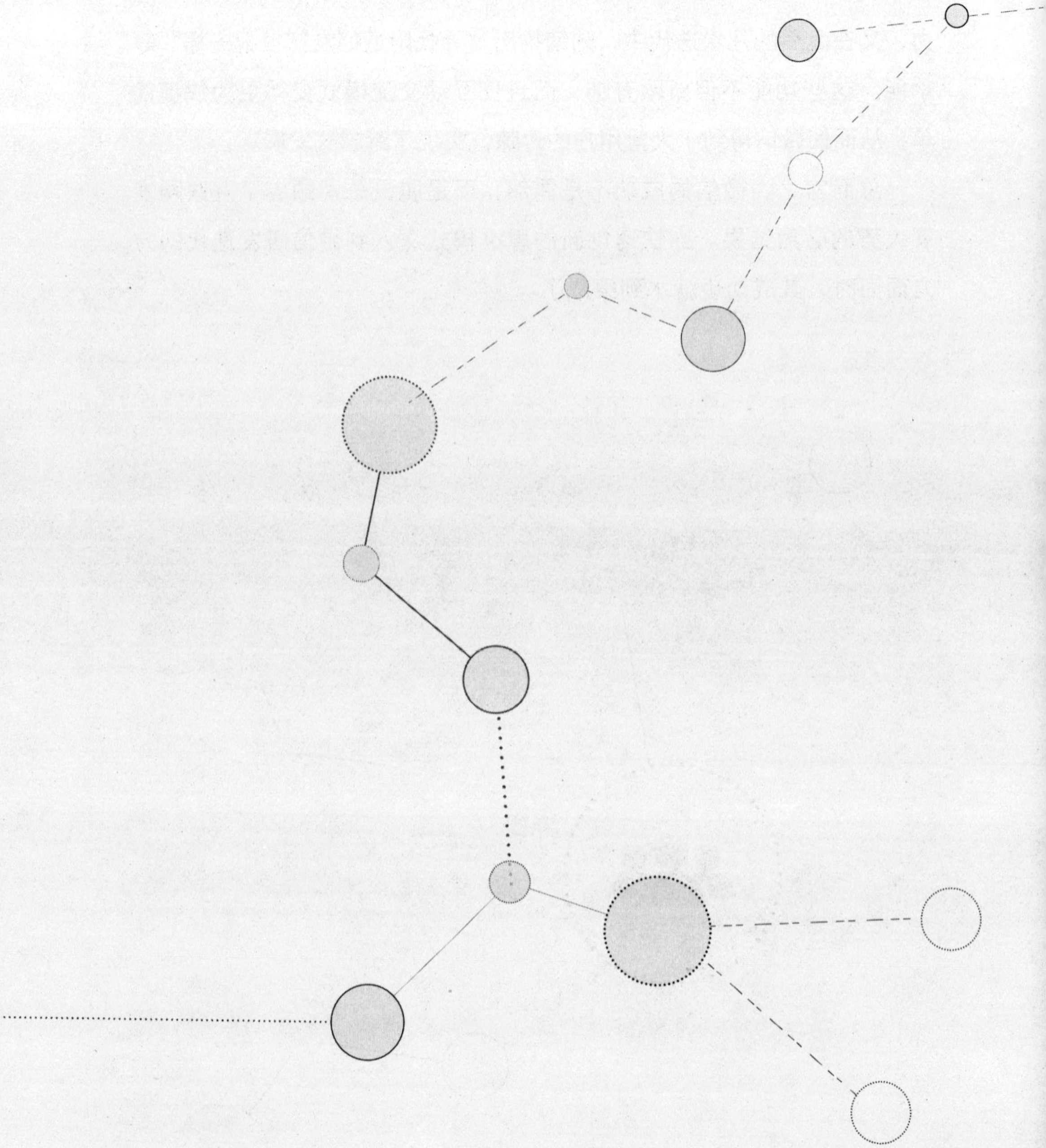

Chapter 5

五大模式——快速拆解互联网

5.1 免费模式

伴随着360免费杀毒模式的成功，互联网免费模式开始进入我们的视野。很多人对此感到十分不解，不明白这种完全违反商业盈利本质的模式为何能够取得成功。

笔者认为，免费模式是互联网时代下的重大创新。它不仅没有改变商业的本质，反而通过全新的思维方法和巧妙包装，将盈利行为成功隐藏起来。比如我们都知道360杀毒是免费的，却很容易忽视360网址导航和360浏览器，殊不知后两者才是360的赚钱大项。总而言之，免费模式其实就是一种变相的收费模式。只是因为它做得太好、太巧妙，所以使我们下意识地忽略了它，甚至心甘情愿地为它买单。

5.1.1 免费模式势不可当

免费作为一种新的商业模式，为什么会成为一种趋势？在此笔者总结出三个因素。

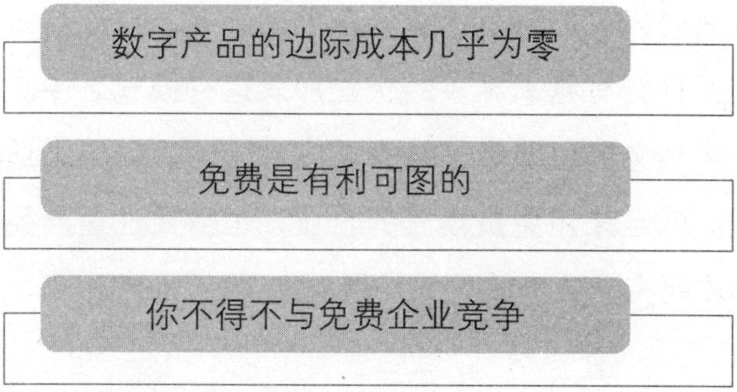

1. 数字产品的边际成本几乎为零

工业化时代的经济学是稀缺经济学，它是建立在物理原子的基础上的。信息化时代的经济学是丰饶经济学，它建立在比特字节的基础上，和边际成本上升的实物产品相比，数字产品的边际成本几乎为零。一款数字化产品，假设它的成本是一万元，经过互联网上成千上万的用户使用，那么分摊到每个用户身上的成本就几乎为零，所以免费是一种必然的选择，更是不可阻挡的趋势。

2. 免费是有利可图的

以刚开始做搜索引擎的Google为例，它在刚开始的时候几乎是挣不到钱的，只能依靠给各大门户网站提供搜索技术来维持生存。直到后来出现了Overture这个专注于为客户提供付费点击服务的广告代理公司。大家应该知道“Google的右侧广告”有一个AdWords的标志，它就是借鉴了Overture的付费点击服务模式。从此，搜索引擎的商业公司才有了属于自己的收入。

3. 你不得不与免费企业竞争

一旦产品的成本几乎为零，免费就会成为一种必然，抢先实行免费模式可以获得先机，落后则会处于被动局面。自己不做，竞争对手也会去做，而且会有越来越多的企业加入这种模式之中。与免费企业的竞争是不可避免的，要想不被吞并或者打垮，就必须适应新形势下的游戏规则。已经采用免费模式的企业，也需要注重产品质量和用户体验，这样才能实现自身的更好发展。

5.1.2 “免费午餐”人人爱

企业的目的是赚用户的钱，用户却又不想付钱给企业，这看似是一个不可调和的矛盾，但有没有一种方法既能让用户不反感，又能让企业赚到钱呢？那就是免费。

对于用户来说，“免费午餐”自然是人人都爱的。人们对于互联网的喜爱就在于它的便捷性和很大程度上的免费性。据统计，中国

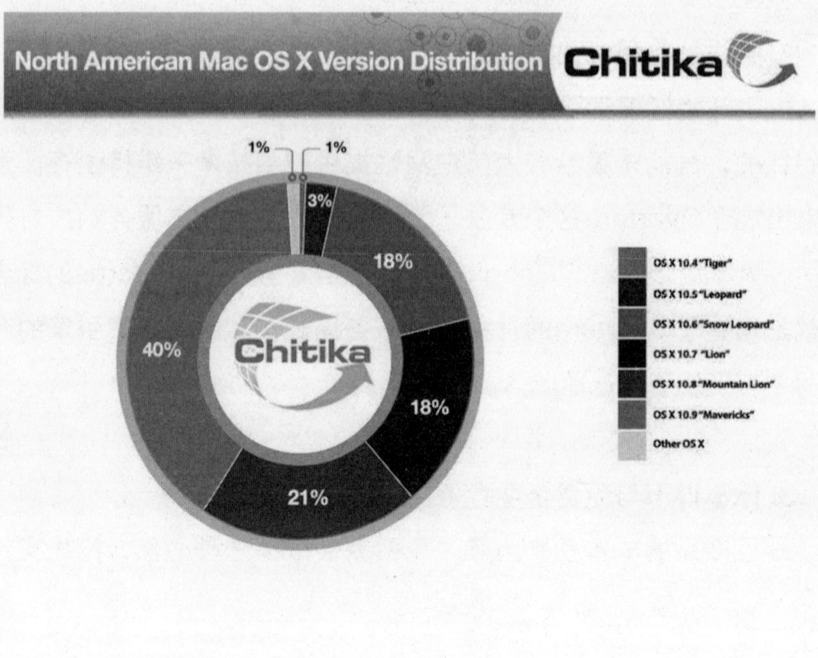

有78.1%的用户从未在音乐上花过钱。英国联合报业集团旗下的《地铁报》，在2009年实行免费策略后，阅读量迅速从之前的26万份增长到60万份。苹果公司在2013年推出免费的OS X Mavericks系统之后，不到半年时间，就有将近一半的Mac用户把系统升级到了OS X Mavericks系统。可见人们对于免费的喜爱，不只是中国人的特点，更是全人类的特点。

然而，企业为何会推出免费产品呢？其实企业为的是巨大的流量。众所周知，一个商场只有处在人群流量大的繁华地段，才会吸引到更多的顾客入内购物。企业的免费策略，就是为了吸引用户。而在互联网时代，流量就代表了用户。

2009年9月，360重申了360杀毒永久免费的声明，并且同时推出正式版。仅仅四个月后，360杀毒的用户量就成功超越瑞星，成为当时最流行的杀毒软件。360免费杀毒获得巨大的流量之后，奇虎360推出的相关产品也受到了大量用户的喜爱，并产生了经济收益，比如360浏览器等。

免费模式受到了众多用户和一些企业的喜爱，但有些企业对此却不以为然，比如音乐业，由于没有找到合适的盈利点，所以拒绝免费模式。但是随着互联网的不断发展，音乐业与免费模式的盈利结合点一定会出现，到了那时，音乐业也会爱上免费模式的。

5.1.3 一切为了更好地收费

如果说有一种模式，既可以颠覆传统市场，又能够驾驭未来市场，那就只能是免费模式。它是一种全新的赚钱模式，不但不会使企业破产，反而会使企业做大做强。

那么，免费模式给企业带来的经济价值到底体现在哪里呢？笔者认为主要有以下两点。

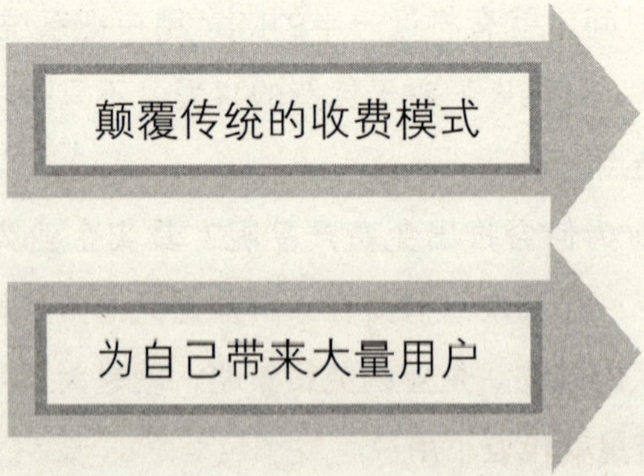

1. 颠覆传统的收费模式

这方面的例子有很多。最典型的便是360免费杀毒模式，它的出现使得收费杀毒软件在相关市场上的份额大幅缩水。另外，淘宝通过免费开店的模式，迅速从eBay吸引了大量卖家，这也是一种成功的对传统收费模式的颠覆。

2. 为自己带来大量用户

免费能够吸引大量用户，有了用户才能产生流量，使相关付费产品产生真正的经济价值。例如YY作为一款语音聊天的工具，起初它给自己定位的目标用户是在游戏公会中玩游戏的人，其主要的出发点是：游戏者在对战时需要不停地敲打键盘和鼠标，根本没有时间打字，但是游戏中的对战又需要团队成员之间随时进行沟通。所以YY这款产品的定位非常鲜明，它就是为了给游戏公会的人提供帮助——语音聊天，因为这部分人是对这款产品需求最强烈的一批用户。这种模式无疑会为游戏吸引到大量用户，并通过游戏充值等服务实现经济创收。

免费，是为了在其他地方更好地收费。只要赢得了用户，自然会在其他的方面要求用户付费，从而实现企业的盈利目标。

5.1.4 免费策略的原则

免费模式已经成为互联网时代中一个十分流行的模式，但它的实现要遵循某些原则，否则会给企业和用户带来巨大的损害。

企业若想实现免费模式，需要遵守两个原则。

1. 产品要过关

免费模式在为企业带来用户的同时，也降低了转移成本，容易导致用户流失。因此免费的产品必须重视用户体验，在同类产品中做到极致，甚至比收费产品还好，这样才能留住用户的心。如果产品不过关，不仅不能起到正面的作用，还会适得其反。

产品是所有商业模式的基础，如果你对自己的产品没有思考和把控，又怎么能把产品做好，把公司做大呢？因此，向用户提供什么样的产品？这个产品能够为用户解决什么样的问题？这款产品的价格是昂贵的、便宜的还是免费的？这些都是一个创业者在谈论商业模式时应该考虑的首要问题。只有以产品为驱动力，才能在互联网时代下把公司做强做大。

2. 免费是一种昂贵的模式

现在有很多企业在做免费产品，这就使得相关市场的竞争变得十分激烈。而免费模式往往需要吸引一批用户之后，才能进行后续的运营。因此在免费的前期，企业不但需要投入巨额的资金，而且要抓准获利点。只有这样，才能实现后期获利。

并非所有企业都适合采用免费模式。企业应该根据自己的实际情况和经济实力做出综合判断，以便确定自己是否适合此种模式。

5.1.5 警惕免费经济的逻辑缺陷

免费是当下最火热的模式，但是免费模式真的容易实现吗？对于这个问题的答案，很多人的心中都很懵懂。企业如果对免费模式一无所知，就盲目地选择这种模式，那么只会加速自身的灭亡。因此企业需要认清免费模式有哪些门槛。

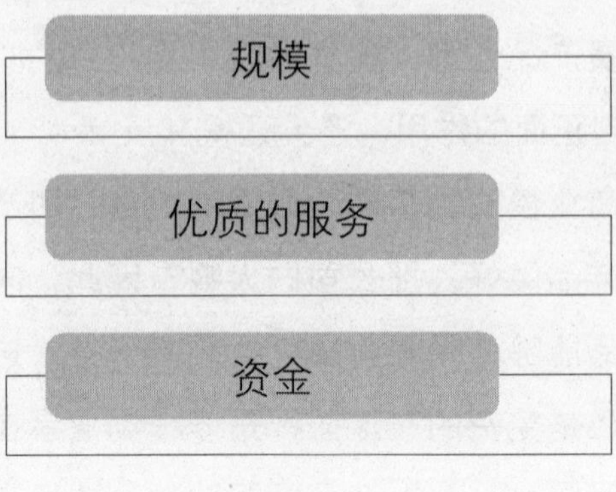

1. 规模

如果规模太小，那么付费人群的规模就会很小，交叉补贴也就难以实现，企业更是难以维系运营。这也是一个行业内只有几个巨头存在的原因，因为小规模的企业都受规模所限，无法赚取足够的利润，最后陷入了破产倒闭的境地。

2. 优质的服务

企业需要优质的产品和服务。如果产品不过关，用户就不会买账；服务质量低，用户就会转移。服务必须要优质，而且要比付费服务更优质。企业可以通过技术或利用专业的优势为用户提供优质的服务，搜索引擎、社交平台属于前者，提供免费授课的优才网属于后者。

3. 资金

无论产品有多么好的获利点，其前期都是一个烧钱的过程，企业必须在前期投入大量的资金进行推广，使其免费模式形成一种良性的发展局面，而且在这种局面形成之前，企业是很难从中获利的，像淘宝、京东这些成熟的企业还好，他们有充足的资金往里补贴，对于创业者来说，就会十分艰难了。

免费确实是当下最具颠覆性的模式，相比于低买高卖的传统经济模式，免费更容易获得用户的认可，企业甚至不需要自己去推广早期免费模式下的产品。但是，即使免费模式表现出如此美好的一面，企业家和创业者们仍需要冷静思考，评估自身的条件是否能够弥补免费模式的不足，以及自己能否达到实施免费模式的门槛。更重要的是，由奢入俭难，一旦开启了免费模式，用户就不会再适应付费模式，这给企业提出了很大的经营挑战。

5.1.6 【中国平安】免费背后的野心

互联网时代的到来，让多数人都认为互联网企业会革了传统企业的命。这种普遍化的社会认知使得很多传统企业产生了危机感，其中一些富有远见的传统企业，早早就开始了自身的互联网化改造，以求适应形势发展，在与互联网企业的竞争中站稳脚跟。免费模式因为存在着巨大的流量价值和潜在的经济价值，受到了这些传统企业的青睐，并促使他们开始了免费模式的探索历程。在这些企业中，做得最好的要属中国平安。

2015年，中国平安展开了一项大活动，推出了首个免费Wi-Fi应用——平安Wi-Fi。中国平安租借了国内三大电信运营商和众多Wi-Fi提供商的无线网络，为所有使用平安Wi-Fi，且在Wi-Fi信号覆盖下的用户提供免费网络。中国平安花费如此巨资意图为何呢？

其实中国平安的这次布局，是为实现互联网金融做出的努力。在互联网三巨头里，腾讯凭借微信和QQ积累了大量用户，并获取了大量数据；阿里凭借淘宝和天猫同样积累了大量用户和数据。2012年，中国平安与腾讯、阿里巴巴合作，开展了“三马卖保险”活动，腾讯和阿里的业务更是借着此次活动得到了延伸，成功涉足金融业领域，唯独中国平安的收获甚微，在其最关注的用户数据收集上，并未实现质的突破。为此，中国平安推出了平安Wi-Fi，希望依靠这款产品打一个漂亮的翻身仗。

平安Wi-Fi具有很大的吸引用户的优势。因为Wi-Fi的使用频率很高，尤其对于广大网民来说，衣食住行都离不开网络，所以免费Wi-Fi必定能做好中国平安构建互联网生态圈的“斥候”，搜集到中国平安需要的用户数据。

当然，中国平安展开了宏大的战略布局，但能取得什么样的成果还未可知，毕竟通过提供网络来收集用户信息属于侵犯隐私，如何在合理合法的前提下做到成功收集用户数据，是中国平安需要仔细斟酌的事。

5.1.7 【360安全卫士】免费生意经

传统的杀毒软件厂商，每卖出一款软件，都要从用户那里收取几百元的费用。这是一道把很多用户挡在门外的坎，曾一度导致杀毒软件的用户数量增长停滞不前。360带着免费杀毒软件进入市场，很多软件厂商对此并不看好，他们抱有看360笑话的心态，想知道360拿什么养活自己。

然而，360到来后，首先对传统市场进行了一次颠覆，迅速占领了70%的杀毒市场，并吸引了大量的用户。有了用户基数，360的业务范围没有只停留在杀毒软件上，他在进驻杀毒市场的同时，有效拓展了其他领域的业务，成功推出了新产品，比如360浏览器、360手机助手、360云盘等。而他只需凭借360免费杀毒带来的用户基数，就可以使这些产品得到很好的推广，促使很多用户使用，而这些业务往往是收费的。所以，虽然目前360免费杀毒处于赔钱的状态，但其相关产品带来的利润已足够弥补他的亏损，并产生更多的经济收益。

因此，免费模式看似亏损，其实却是节省了推广的耗费，而且积累了用户基数，为企业在其他方面将用户变现提供了可能，这就是免费模式的核心。

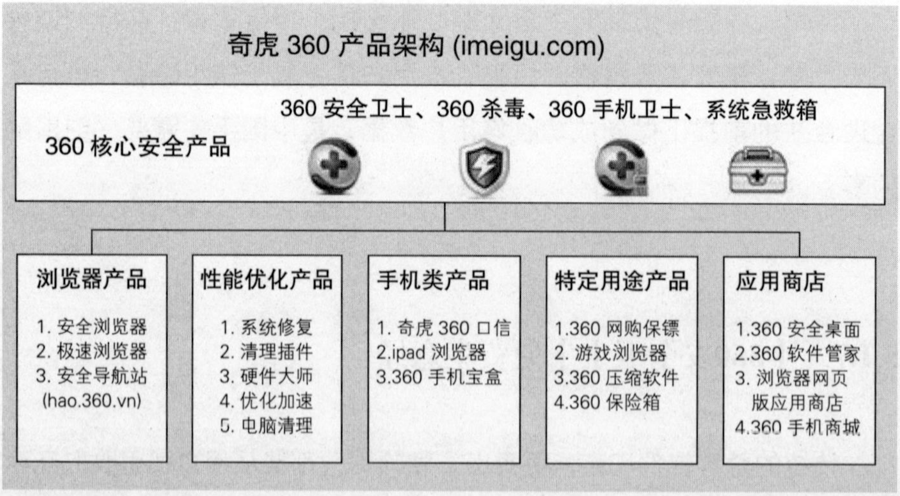

5.2 商业模式

互联网到底为现代商业带来了什么？对于这个问题，众说纷纭，但有一点是得到大家共同认可的，那就是随着互联网时代的到来，传统的商业模式在向着更快速、更简洁、更多样化的方向发展，已经变为了一种全新的模式。

这种创新性简直无处不在。例如我们不用再去市场购物，因为淘宝、天猫以及京东等电商平台完全可以满足我们的购物需求；我们不用再焦急地等待运货，因为快递员小哥能够以最快的速度出现在我们面前；我们甚至不用再进行金钱交易，因为支付宝、微信支付等方式给我们提供了多样化的支付渠道。互联网思维已经对现代商业产生了全方位的影响，在这种影响下，无论是企业还是消费者，都要重新定位自己的角色。只有这样，他们才能真正顺应互联网发展的大势，在商业活动中做到游刃有余。

5.2.1 拥抱互联网商业

互联网的出现，使市场机制变得更加有效。它不仅推动了市场的创新和消费能力，还使效率高的企业更加具备竞争优势。互联网特有的开放精神更是促进了信息的交流，既方便了企业的资源配置，又让消费者掌握了更多的市场信息。在这种情况下，商业活动中的主动权和话语权开始从企业手中转移到消费者手中，而不能适应这种变化的企业，要么被迫转型，要么只能等待破产倒闭。

当企业转型已经成为一种商业趋势，如何成功实现互联网转型是每家企业需要认真考虑的大事。接下来，笔者将为大家介绍几种有效的互联网转型举措。

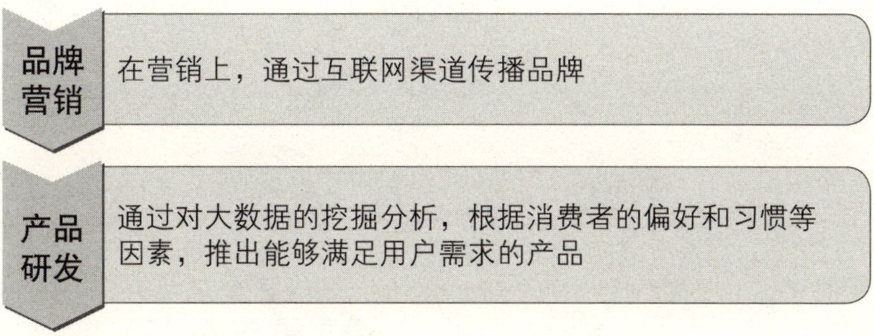

销售渠道	成立电子商务部，与著名的电子商务平台展开合作。例如京东、淘宝等
产品推广	积极开展线上线下的推广活动，加强与用户的积极互动，这样做的好处是，既可以获得消费者的关注，又可以推广新技术

总而言之，企业拥抱互联网商业已经是大势所趋，而其中的关键就在于企业的互联网转型。只有充分把握商业市场的发展规律，并找准自身与互联网的有效结合点，企业才能在互联网时代下，真正做到“笑傲江湖”。

5.2.2 互联网引领下的商业思维

面对互联网大潮的强烈冲击，传统企业的互联网化转型已成必然趋势。尽管传统企业认识到转型的必要性，但认识到并不等于做到，

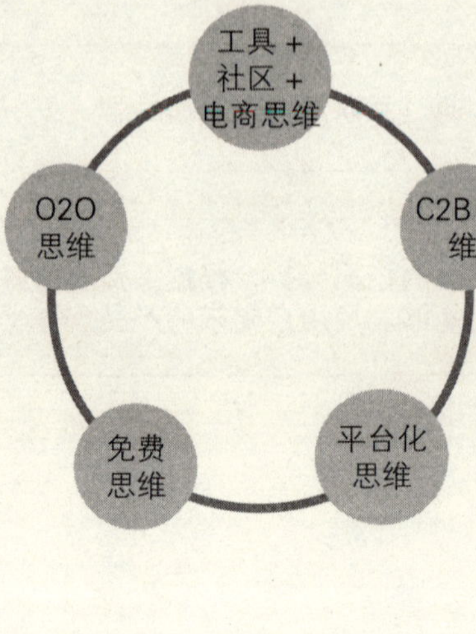

如果没有详细的转型路径，企业依然可能会在转型中遭遇失败的命运。那么，企业在转型时需要树立哪些正确的商业思维呢？以下几种思维模式值得我们借鉴。

1. 工具+社区+电商思维

腾讯开发出的微信，原本只是一个社交工具，后来添加的朋友圈、评论和点赞等功能，给它带来了全新的社区化属性。而且在微信具有了支付功能、微商开始通过微信平台销售商品的时候，微信又具备了电商属性。

2. C2B思维

C2B思维其实就是个性化服务思维。在长尾理论里，把非流行的、小理论的市场积累起来，可以获得比主流市场还要大的市场。C2B思维同样利用到了这个理论，即开拓小批量、多品种的个性化市

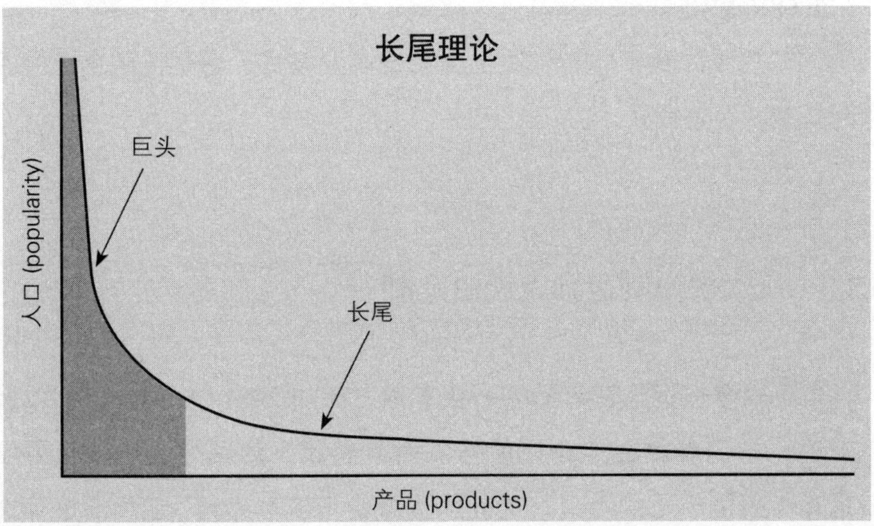

场，从而获得比大批量、少品种的同质化市场还要大的市场。而开辟这个市场的关键就在于个性化服务。

3. 平台化思维

平台化思维就是建立一个平台生态圈，实现平台内各部门或各企业的互利共赢。比如阿里巴巴的电商、物流和金融形成的平台，各个业务之间互相帮助，互惠互利。还有海尔建立的平台，实现了海尔集团、员工和自主经营体之间的互利共赢。

4. 免费思维

免费思维的核心在于通过免费积累用户，再通过其他渠道获取利润。最早采用这种模式的是奇虎360,奇虎360通过提供免费杀毒服务，迅速占领了杀毒市场，积累了大量用户，然后通过360导航、360浏览器以及应用下载等业务获取了利润。

5. O2O思维

O2O思维即线下体验、线上交易的商业模式，它是传统企业向互联网转型的有效模式。

5.2.3 从大规模制造到大规模定制

当下很多热词让读者看得一头雾水，比如O2O、B2B、B2C以及C2B等，它们看上去专业化很强，很容易让人感到迷茫。但只要搞清楚几个关键字母的含义，这些热词就会很容易理解。比如B是英文

Business的首字母，代表着企业；C是英文Customer的首字母，代表着消费者。2（two）是英文to的指代词，代表了面对。所以B2C就是企业面对消费者，C2B就是消费者面对企业，而前者向后者的转变，就代表了从大规模制造到大规模定制的商业模式转变。

传统的B2C模式是以企业为中心，企业通过调查消费者的需求，然后开发新的产品，提供相应的服务。但是消费者的需求是朝着个性化方向发展的，大规模制造模式已经适应不了这种个性化发展的需求。因此，企业若想使商业价值得到增加，就需要将发展重心转移到为消费者提供个性化的产品和服务上。

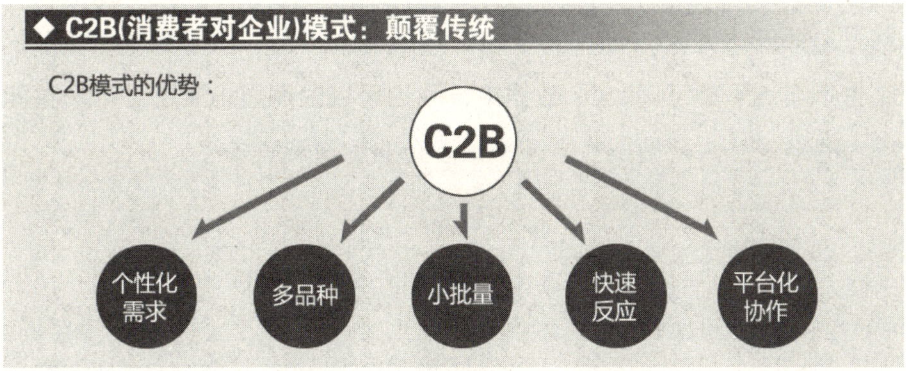

但是，为消费者提供个性化的产品和服务并不容易，需要企业付出大量的成本，将具有相似个性的消费者们聚集在一起。然而，互联网却为企业和消费者的交流沟通带来了便捷，降低了实现上述想法的难度。这是因为互联网有效连接了企业和消费者，消费者可以在网上提出自己的个性化需求，企业也可以迅速接收到该需求，据此为消费者提供个性化的产品与服务。

当企业实现了大规模定制，存货的难题会自然而然地得到解决。

这种模式采用了先卖后采的生产模式，能够使企业根据订单量生产产品。在定制模式下，消费者既会对产品产生黏性，又会对企业产生认同感。根据这一点，我们可以得出结论，那就是个性化定制的模式是可以实现企业和消费者的互惠互利的。在众多的商业模式中，这是一种十分高效的发展模式。

5.2.4 移动战场的血拼

根据中国互联网信息中心的数据显示，截止到2015年6月，中国网民总数已达到6.68亿，其中手机网民有5.94亿，占总数的88.9%，比去年增长了3%。从这个数据中，我们可以很明显地看出，市场空间巨大的移动互联网领域将会迎来众多企业的激烈竞争。

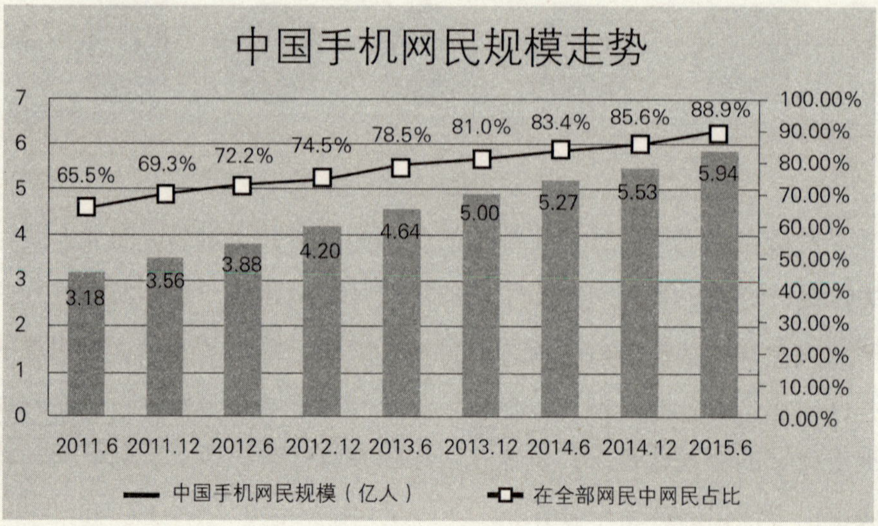

在移动互联网领域，无论是产品上线，还是被用户下载安装，都需要经过一个平台或渠道，因此移动互联网战场的争夺战在于入口之争。移动互联网的入口类型分为三类：应用商店、浏览器和超级APP。支持应用商店的人认为应用商店才是移动互联网入口的未来；而支持浏览器的则认为浏览器才是移动互联网未来的入口。尽管看法不一，但移动入口的重要性却已得到公认。2013年的百度斥巨资收购91无线就是一次关于移动入口的布局。

在这场入口争夺战中，从大的方面来看，有入口类型的争夺；从小的方面来看，有不同企业对入口的瓜分。百度收购91无线，就是为了对抗当时移动互联网的巨头奇虎360。然而，就在两者的竞争陷入白热化的时候，小米悍然搅局，以其性价比超高的小米手机作为平台，通过小米应用商店，抢走了一大块相关市场。这使得小米、百度以及奇虎360，处在了胶着的争夺战中。

正是由于市场竞争的激烈性和未来的不确定性，各家巨头都开始了自己的全新布局。比如百度，它不仅收购了91无线，还在浏览器进行了轻应用的布局，甚至正在打造像微信、支付宝这样的超级APP。这种多角度布局的方式，正是为了做好万全的准备，以便保证无论移动市场如何变化，自己都能够占到优势。

5.2.5 价值定位与需求创新

现代管理学之父彼得·德鲁克对价值定位和需求创新之间的关系有着独到见解。他认为“创造客户”与“创造需求”才是现代企业的中心职能。企业以及企业管理者的最终目的，是有效挖掘客户的未来需求，从而做到具体的核心价值定位。用通俗的话来解释，就是企业要让客户对产品产生有用和值得的心理。

商业模式的本质就是为客户创造价值。每一个成功的企业都要有其精准的价值定位，只有这样，企业才能确定客户现在所需以及未来可能所需的价值要素，从而做到有的放矢，达到增加客户黏性、获取客户信任和支持的目的。反之，如果企业无法做到准确定位价值，就会因为产品与客户需求的格格不入，而陷入失败的境地。例如奇虎360推出的360免费杀毒模式，就是因为其免费化模式符合了互联网用户的潜在价值需求，成功做到了价值定位，才最终打败了瑞星、金山等同行，成为了杀毒市场中的佼佼者。

需要注意的是，目标客户的需求从来不会自己显现出来，它需要企业去调查研究，并以前瞻性的眼光做好预测工作，只有这样，价值定位才有可能成功，企业在互联网模式下的创新发展目标才能够实现。否则的话，无论是创新还是改革，最后只会落得失败的境地。

总而言之，现代企业若想实现互联网时代下的再发展，其核心要求便是做好目标客户群的价值定位，这也是企业赢取目标市场，加强自身竞争力的根本所在。

5.2.6 互联网时代的经营危机

在互联网大潮的冲击之下，无数企业纷纷进入互联网领域，希望做到新模式下的新发展。但是他们在紧跟潮流的同时，却忽略了互联网对于企业的增值作用，只是以简单粗暴的方法求融合，从而陷入盲目化发展的怪圈之中。

我们总在说互联网对世界产生了颠覆性作用，其实颠覆这个用词表述得并不全面，“升级”才是合适的用词。这里的升级不只是指技术模式的升级，还有思维模式的升级，企业只有同时做到这两种升级，才能完成互联网化的创新改造，实现自身的全面发展。

一般来说，传统企业进行互联网改造的成功模式主要有以下几种。

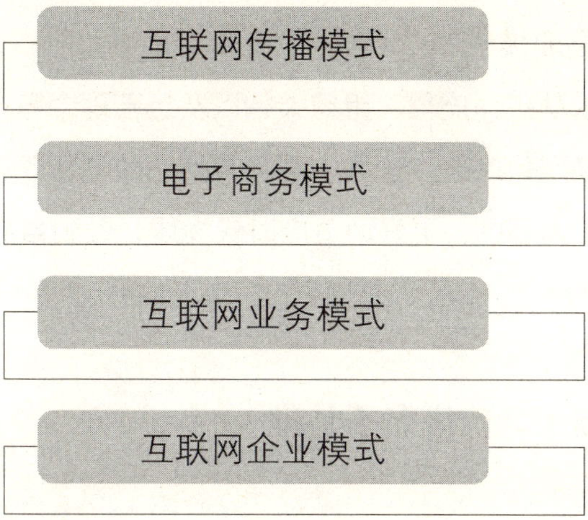

1. 互联网传播模式

这种模式的意义主要在于有效传播企业信息和产品信息，从而产生最优化的宣传效果。例如企业可以通过制作企业门户网站的方式来发展自身影响力；也可以在微信、微博等互联网平台上发布产品信息，从而扩展产品的宣传渠道。

2. 电子商务模式

企业可以通过与淘宝、京东等电商平台进行合作的方式，来实现产品销售的互联网化，这是最常见的一种模式。另外，自己开创电子商务平台，以自营自销的方式展开经营行为也是一种有效的模式，例如苏宁云商，就是苏宁企业在互联网上的电子商务平台。

3. 互联网业务模式

企业可以将自身业务与互联网进行捆绑经营，以此来达到互联网化的目的。例如在网上开展团购服务以及定制化服务等。

4. 互联网企业模式

企业还可以从工作流程、组织架构以及运营理念等方面出发，做到企业内部的互联网化改造。这是一种极为彻底的创新改革模式，可以使企业在互联网的大潮中，更好地适应时代发展，做到自身的进步。

5.2.7 【百度】竞价排名不是唯一

伴随着互联网的不断发展，百度的竞价排名模式经历了一次较大的起落。在互联网发展初期，百度依靠竞价排名迅速成为互联网领域的巨头，但随着移动互联网时代的到来，越来越多的商业模式被发掘出来，竞价排名的模式也在新时代的发展中，渐渐失去了活力和竞争力。根据这种情况，百度展开了全新的战略部署，旨在打造属于自己的产品生态圈，从而做到告别单一化的竞价排名模式。

百度的具体策略是以百度钱包为核心，将百度的产品打造成一个闭合圈，为用户提供一条龙服务。在这个闭合圈中，百度钱包作为支付应用的同时还有转账、缴费、充值和理财等功能，可以为用户提供轻松便捷的各类移动金融服务。

如今在移动互联网领域，百度旗下已有百度贴吧、百度云、爱奇艺、百度地图、百度糯米、百度浏览器和百度轻拍等众多和用户生活息息相关的产品。这些产品满足了用户多样化的体验需求，比如搜索是百度的强项，当用户有搜索需求时，就可以使用百度搜索；当用户有购物、餐饮等需求时，可以使用百度糯米；当用户需要短距离出行时，可以使用百度地图；当用户需要看视频时，可以使用爱奇艺或百度影音。

总而言之，百度的产品已经覆盖到用户生活的方方面面，而百度钱包则是这个闭合圈的核心，满足其他产品的所有付费需求。比如百度糯米、百度外卖和付费视频等产品，用户都可以通过百度钱包完成支付，这就为用户的移动互联网生活提供了一条龙服务，从而在最大程度上满足了用户的体验需求。

5.3 管理模式

互联网时代的飞速发展，为企业的经营管理提出了更高的要求。这种要求不仅体现在企业求新求变的大框架内，还体现在其运营各环节的互联网化上面。海尔集团首席执行官张瑞敏曾说：“没有成功的企业，只有时代的企业。”在如今这个时代，企业只有做到顺势而为，并切实做到互联网模式下的全方位变革，充分发挥互联网化的优势，才能取得成功。

管理模式创新也是互联网创新的重要组成部分，它要求我们改变传统的多层级管理模式，在简化管理层级、淡化管理中心的基础上，极大地提升管理效率，以便更好地适应互联网下的快速创新需求，从而真正做到顺应时代潮流。

5.3.1 互联网下的管理思维

传统企业若想成功实现互联网化转型，不仅要在商业模式上进行革新，还要在管理模式上进行革新，这样才能起到良好的改革效果，取得互联网潮流下的发展壮大。接下来，笔者将为大家介绍几种主要的互联网化管理模式，以供大家参考。

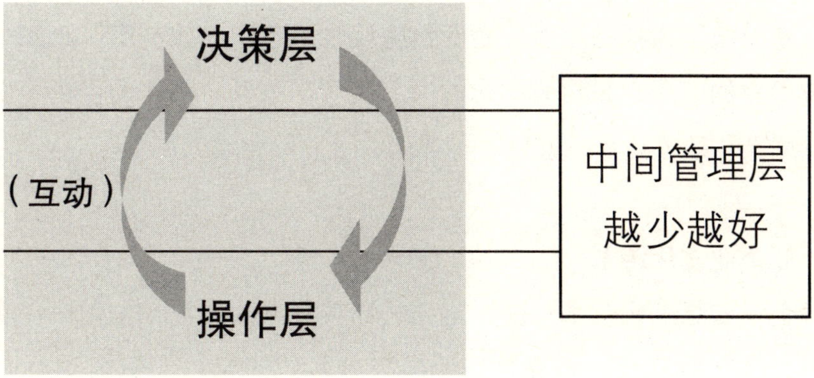

1. 在组织结构上，去中心化、扁平化，以用户为中心

传统的企业组织形式通常是金字塔式和矩阵式。这些模式具有阻碍员工创新，且执行效率低下的缺点。为了解决这些弊病，顺应互联网时代的发展要求，现代企业开始在组织结构上进行变革，使其朝着去中心化、扁平化和以用户为中心的结构方向发展。去中心化不再以领导为核心，扁平化会减少组织的行政分级，以用户为中心则是根据用户的反馈及时做出调整。这些模式极大地提升了企业的经营管理效率，受到很多企业的青睐。例如，海尔创新出了“人单合一”模式，阿里在2013年把企业拆分成了25个事业部等。

2. 在绩效制度上，以“为用户创造多少价值”为核心

传统的绩效制度，都是根据员工为企业创造价值的多少给予奖励。这种做法虽然能起到刺激员工积极性的作用，但是也会令员工产生“工作是为了奖励，而不是做事”的不好的想法，导致员工在工作时敷衍了事。这种绩效制度不但不利于员工自身的发展，而且不符合互联网时代下“以用户为中心”的发展需求，降低了用户对企业的评价，使企业无法得到长远的发展。因此，现代企业应该确立以“为用户创造价值”为核心、淡化企业价值奖励的全新绩效制度。比如小米内部确立的“用户是否为小米的产品尖叫”以及“用户是否将小米推荐给朋友”绩效指标，就是一种典型的互联网化绩效制度。

3. 企业文化转型

企业若想进行改革，就一定会触动某些人的利益，也必然会遭到这些人的抵触和反对。而且如今越来越多的80后成为职场主力，90后步入职场，他们的思想观念和前辈们并不一样，如何统一他们的认识，使他们支持企业的改革，也不是一件简单的事。在这个时候，企业就需要对企业文化进行转型，使其适应互联网模式下的改革需要，营造出利于改革的良好氛围。只有这样，企业才能统一员工的认识，使他们紧密团结起来，促使创新改革的完成。

5.3.2 去中心化的对话模式

福特公司在1913年建立的第一条组装生产线，初步实现了员工分工，算是最早的组织架构。当时，这种先进的生产组织形式为福特公司带来了巨大的市场竞争力，使其创造了巨大的经济收益。随着时代的发展和进步，这种最初的组织架构经过一代代企业家的改良，最终形成了金字塔式的成熟组织结构。它的具体含义就是上层决策、中层管理、下层执行的中央控制模型，这种集中管理的方式具有分工明确、便于管理的优点，它适应了现代企业经营管理的具体要求，在很长一段时期内，都是时代发展的主流。

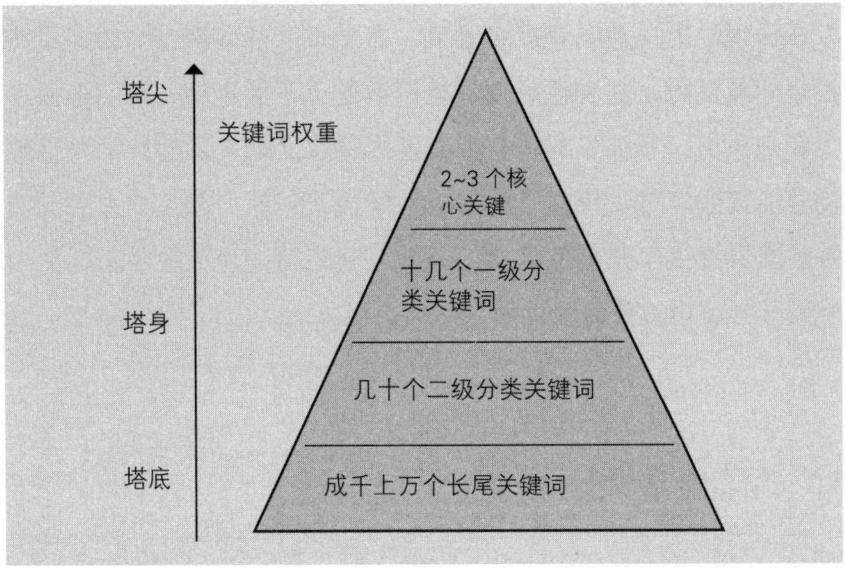

但是，随着移动互联网时代的到来，传统的金字塔管理模式暴露出很多弊端，例如结构臃肿、员工技能单一以及资源浪费等。这些弊端导致企业出现了一连串问题，如效率低下、信息传播速度慢、管理层互相推诿和决策层反应慢等，从而大大阻碍了企业的发展。就在这时，一种适应互联网时代的新结构应运而生，那就是去中心化的无层级组织。

去中心化的无层级组织是一种全新的组织形式，它极大地适应了互联网时代下的组织发展需要，成为时代的新潮流。这是因为互联网时代下的组织是网状结构，它同时包含着串联和并联结构。而企业去中心化的对话模式，则顺应了企业机构扁平化的发展态势，十分有利于企业和用户的沟通。在这种组织模式下，员工可以把用户和产品放在工作的重心，根据用户的需求和反馈及时做出更正。此时的决策层不再是领导，而是用户和员工，员工完全可以根据用户的反馈及时进行创新。

在传统的中央控制管理模式下，员工想做任何事都需要通过高层的批准才能进行，这种现状使得他们不能也不敢创新，从而扼杀了创造力和想象力，十分不利于企业的发展进步。而去中心化的对话模式则使企业摆脱了传统模式下的樊笼，解放了创新力和生产力，为其实现最终腾飞提供了坚实的保障。因此，我们可以说，去中心化的对话模式取代传统模式是时代发展的必然选择。

5.3.3 整合全球资源

微信中有一个流传很广的段子，讲的是很多中国人在中国生产iPhone6,然后把成品运送到美国，结果却被在美国的中国人抢着买；另外还有一批中国人将iPhone6从美国带回国，经过一些中间渠道，再转手卖给中国人。这个例子就是一个典型的整合资源的例子，苹果公司通过整合全球产业链，获取了最大化的利益。但是很可惜，中国虽然是这个产业链中的重要一环，却不是作为整合者出现，而是担任了被整合资源的角色。

其实，中国经济融入全球经济是十分必要的，但是这种融入应该是主动融入，而不应该是被动融入。只有脱离了被整合者的地位，成为全球资源的整合参与者，使全球资源为我所用，才是中国经济的未来发展方向。

不少中国企业已经认识到反向整合全球资源的重要性，并为此做出了不同的实践。例如华为重视技术升级，以此为基础，将产品推向全球市场，然后再利用全球资源反向支持技术研发；联想和TCL则在向国际市场进军的过程中收购相关产业，以此实现其全球化布局战略；阿里巴巴则在美国上市，极力加快淘宝的全球化进程。

在互联网时代，企业若想实现快速发展，就要在认清自身优势的基础上，做到充分整合全球资源，有效利用其中适合自身的部分。只有这样，企业才能实现国际化的发展目标，从而创造出最大化的经济价值。

5.3.4 组织与战略转型

战略是什么？组织又是什么？美国企业史学家钱德勒觉得，如果一个企业家不明白这两个概念的含义的话，他的企业就会瘫痪，因为这两者是决定一个企业成长的变量。从两者的具体定位上来讲，战略并不是企业口头宣称的目标，比如要做行业中的第一，真正的战略，是指为企业成为第一找到一条有效途径；而组织则是为战略服务的架构形式。

在新时代的发展中，组织、战略和时代是依次服从的关系，所以当时代发生变化时，战略和组织就要做出相应的改变。我们可以把时代、战略和组织分别比喻成环境、大脑和肢体，当环境改变了，大

脑的观念就需要产生变化以适应新的环境，并指挥肢体做出相应的改变。比如一个人有往东走的想法，却依然脸朝向西，那他就是在和目标背道而驰。所以，一个企业若想成功转型为互联网企业，就要坚持两手抓，两手都要硬的策略，同时进行战略和组织的转型。只有这样，企业的转型才能最终落在实处。

5.3.5 互联网薪酬驱动机制

传统的薪酬体系将公司职位分成二三十个等级，不同的等级对应不同的薪酬，员工担任某一职位就可以获得相应职位的工资。在这种薪酬模式下，员工工作的动力在于职位晋升，而不是更好地为用户提供服务。有些公司的薪酬还和绩效挂钩，员工努力工作不再是因为激情和梦想，而是为了获得更多的报酬。

这些薪酬制度，或者是脱离了用户的需求，或是传统僵化失去了活力，都不利于企业的发展。其中索尼的失败就是一个很典型的例子，索尼的全面绩效考核机制，虽然对员工个人和业务部门都进行了有效考核，但其仅仅把公司利益与个人绩效挂钩，而忽略了用户反馈和公司长远发展的做法，导致了员工和各个业务部只想着获取利益，却对工作本身敷衍了事，最终使索尼尝到了失败的苦果。

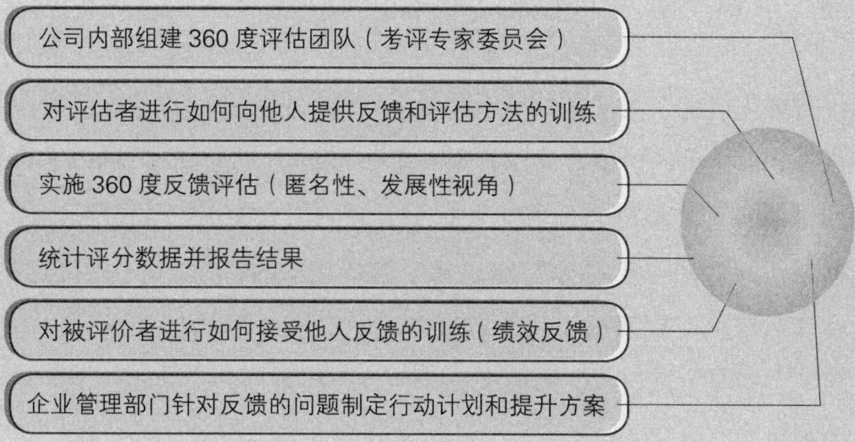

注：资料源自索尼（中国）员工访谈，经笔者整理而成。

图　索尼（中国）的 360 度考评流程

为此，一些企业开创了全新的薪酬机制，比如海尔的人单合一制度，其具体内容是，员工按时完成目标，能为用户创造大的价值，他就能得到很高的报酬。在这样的体系下，每个员工都担任了老板的角色，不但为用户提供各类服务，而且为用户创造价值。在这种全新的机制下，用户付钱给企业，企业再发工资给员工。企业在其中只是担任着平台的角色，员工则是自负盈亏，因而产生了最大的工作动力和工作激情。

有效的薪酬机制是企业驱动员工的根本动力。只有薪酬机制做得好、做得合理，员工才能往好的方向发展。海尔的薪酬模式，就是在充分调动员工为用户服务积极性的同时，还使企业进入了良性发展循环，十分值得现代企业借鉴。

5.3.6 【海尔集团】从执行者变为创造者

德鲁克提出了关于客户关系的四个问题，分别是：谁是你的客户？什么是客户认可的价值？你从客户那里获得的成果是什么？你的客户战略和你的经营战略配合得好吗？很多企业在其经营管理的过程中，为上述四个问题提供了具体答案。其中海尔交出的答卷是十分出色的，它在新时代的互联网转型中，建立了“人单合一”的管理制度。所谓“单”，表面上是订单，本质上是用户，因为用户的需求和价值才是订单的本质。所以“人单合一”其实就是企业和用户需求的一体化。

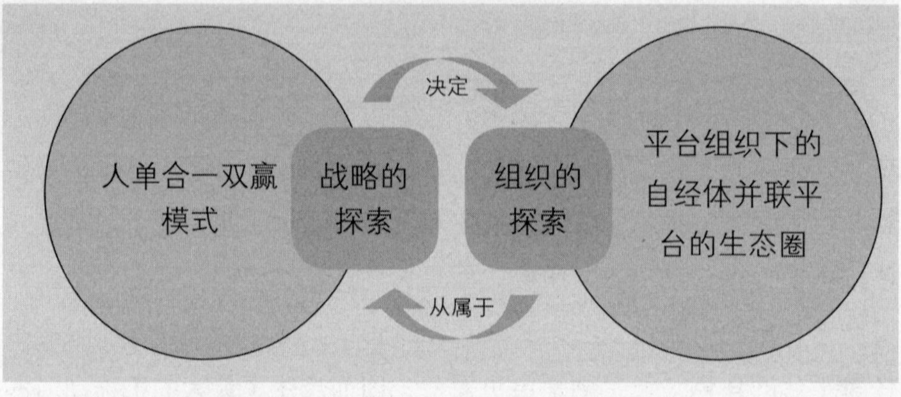

人单合一的管理模式对海尔有不少好处。首先，它使得信息在公司各部门之间实现了快速流转，保证了各部门的无障碍沟通，提高了工作效率；其次，它加强了公司与用户、代理商之间的交流沟通，做到了企业与用户的零距离联系，从而将海尔打造成一个没有边界的、管理透明的现代化组织；最后，它还为员工提供了创新的平台。员工的薪酬不再由上级下达任务的完成状况决定，而是由为用户创造价值的大小决定，从而充分调动了员工的积极性。在这种模式下，员工能力的评价权也从领导转移到用户，实现了员工的自我创新和自我驱动，从根本上杜绝了政策层层贯彻，却没有满足用户需求的弊端。

总而言之，人单合一制度的确立，不仅使员工为用户创造了价值，还使其充分实现了自我价值。在此基础上，海尔集团最终实现了由执行者到创造者的身份转变。

5.4 产品模式

如果有人询问互联网企业中的大佬，问他最重视什么，大佬的回答一定会是产品。因为如果没有产品的支撑，一切都是虚妄。

互联网的发展对整个社会产生了颠覆性的影响，尤其是移动互联网的迅猛发展，使得人与人之间的互动交流方式产生了极大的变化，随时随地的交流互动已经成为可能。在这种新形势下，消费者掌握着最大的信息量和最高的自由度，完全可以通过线上操作，自由完成购物行为。这就使他们对产品的质量要求和相关服务要求变得更高，其具体内容是产品不仅要好，还要超出预期。如果企业无法满足他们的要求，就会迅速失去他们的信任与支持，从而流失掉大量客户。总而言之，在当前的时代，产品为王的理念无论是对企业，还是对消费者，都是无比重要的。

5.4.1 抛开概念看需求

谷歌在2009年推出了一款新产品——Google Wave。在这款产品还未发布之前，人们对它的期待值极高，甚至有人愿意为其中一个账号出价上百美元。但是在它推出仅仅一年之后，谷歌就宣布彻底放弃这款产品。其中的原因众说纷纭，很多人的观点是，它的概念实在是太超前。然而，谷歌对此的回应是："用户对它并不感兴趣。"显而易见，一款产品是否成功，不在于它有怎样的新颖概念，而在于用户对它是否存在需求。

上述例子给了现代企业很深刻的启示，那就是企业应该从客户的视角来看待问题，思考用户到底需要什么。莱维特说过一句名言："用户需要的是孔，而不是钻头"；汽车大王福特则说："你如果问消费者们想要什么，他们会告诉你，我只需要一架跑得更快的马车！"这无不说明消费者是有需求的，但是他们无法将自己的需求清晰地表述出来。所以，一款好的产品，仅仅停留在满足用户需求的层次是不够的，成功引导用户的需求才是它的真正目标。

综上所述，企业如果只是着力于为用户提供概念，那么这个概念即使再新颖、再超前，也无法获得用户的认可。真正的好产品，需要企业抛开所谓的概念，去切实发掘用户的需求。只有这样，产品才能赢得目标用户的支持，取得真正的成功。

5.4.2 每个人都是产品经理

在一款产品中，即使是一个很细小的问题，都会使整个产品瞬间失去协调性。而若想发现这个问题，做到防微杜渐，就需要产品经理站在用户的角度上，去使用、观察和分析产品。基于此点认识，我们可以说每个人都是产品经理，因为每个人都在产品的流通过程中，传递着产品为王的理念。

但是，每个人都是产品经理，并不意味着产品经理的工作很轻松。实际上，产品经理的工作不但十分重要，而且其被要求的标准也是最高的。比如说，如果产品经理在开发环节应付了事，那么开发出的产品就不会吸引人；如果产品经理不是自己产品的拥趸，那么他就无法做到热爱产品，更无法开发出好的产品。

更为关键的是，用户在体验一款产品时，通常得出的是好和坏的结论，而不会有意地去发现问题和解决问题，这时就需要产品经理发挥作用，找到产品存在的瑕疵，并将其修补完善。从这个方面来说，产品经理比一般用户更具有专业性、协调能力和宏观把控能力，因为他解决的是产品的整体需求问题，而不是个别需求问题。

然而，产品经理应该怎样做，才能把产品做好、与用户产生共鸣呢？笔者认为主要有以下两点。

抓住用户的反馈

- 任何闭门造车的行为都无法使产品经理了解到用户的想法，只有以开放的心态接受用户的反馈意见，才能开发出符合用户需求的产品

用良好的心态听取反馈

- 用户对产品的反馈评价肯定是褒贬不一的，甚至会对某个方面存在相互矛盾的观点。在这个时候，产品经理需要保持足够的耐心，和用户进行有效的沟通，直到将产品做到用户满意为止

总而言之，产品经理应该站在用户的角度处理产品，但同时又应该超越用户的层次，做到足够专业和细致。只有这样，产品才能在目标市场中保持最大的竞争力。

5.4.3 质量加法，包装减法

如今，移动互联网领域盛行“做减法”，很多互联网企业都在想方设法精简产品，力求实现产品简约而不简单的发展目标。例如微信就是一款减法做得极好的产品，它的“摇一摇”功能，取消了按钮、菜单和入口等操作界面，只需要用户摇一摇手机，就可以达到操作的结果，深受用户的支持和喜爱。哲学家亚里士多德说：“自然界选择最短的路径。”奥卡姆剃须刀理论也告诉我们：“如无必要，勿增实体。”总而言之，精简产品已经成为现代商业圈中的一种共识。

那么，如何才能做到给产品做减法呢，这就需要把握以下三个大方向。

外观 大气简洁

操作 方便简单

功能 与核心功能关系紧密

但是，一款产品如果只做减法，而不保证质量，这款产品就不是好产品，无法赢得目标用户的青睐和支持。真正的好产品，不但要做好减法，更要做好加法。所谓的“加法”，就是在产品的质量和相关服务方面，做到某种极致，给用户最好的体验享受。也只有“加法”足够优秀，“减法”的意义才能够显现出来，并发挥切实作用。例如苹果手机，它的简约就是建立在其稳定、易用以及功能强大的IOS系统上的。所以，企业在产品功能包装上做减法的同时，还要在产品服务质量上做加法。这样的产品才是真正的简约，才能赢得用户的衷心喜爱。

5.4.4 核心结构不动摇

我们总是在谈产品的研发速度需要如何快，产品的更新迭代周期需要如何短，却往往忽略了产品的核心结构问题。什么叫做产品的核心结构？就是指产品最本质、最核心的功能与内容。例如百度的核心结构就是搜索引擎；阿里巴巴的核心结构就是电商平台；腾讯的核心结构就是社交软件。核心结构是企业产品中最具特色、最重要的部分，它是绝对不容动摇的。

产品核心结构的不可动摇性主要体现在以下两方面。

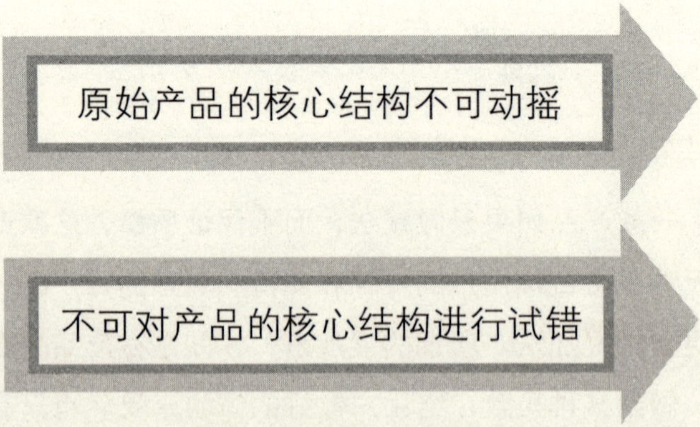

1. 原始产品的核心结构不可动摇

企业在研发产品之前，一定要对产品的核心结构做到准确定位，并在整个研发过程中做到毫不动摇，坚持执行下去，这样才能保证做出的原始产品具有极为鲜明的核心功能架构，从而赢得目标用户的青睐与支持。例如QQ在诞生之初就一直坚持做社交服务，正是因为其社交属性从来没有改变过，所以才有了今天的企鹅帝国。

2. 不可对产品的核心结构进行试错

试错是产品必须经历的重要环节，只有通过不断地试错并改错，产品的功能才能趋于完善，从而做到牢牢占据目标市场的优势地位。但是，试错环节中有一个禁区，那就是对产品核心结构的试错。腾讯公司高级副总裁张小龙在谈到对微信进行试错时，曾经说过："核心的结构我们是不敢轻易尝试的，因为一旦出错，问题就会很严重。如果产品本身没有一个成体系的结构，试错的时候就有可能把系统搞乱，又或者把产品的结构搞得不稳定。"从这里我们可以看出对产品核心结构进行盲目试错的危害，就像是成年人犯错一样，肯定会付出相应代价。

总而言之，产品的核心结构是不容动摇的，企业在产品的更新迭代过程中，需要保持其核心结构不变，而对其附属功能进行增补完善，这才是正确的产品运营思路。

5.4.5 【腾讯QQ】企鹅帝国的15年

腾讯QQ历经15年的发展，由一个无人问津的小产品，发展到在线用户过亿，且遍布大江南北的全民化社交产品。其中的经历可谓十分曲折精彩。下面，我们就来回顾一下它的发展历程。

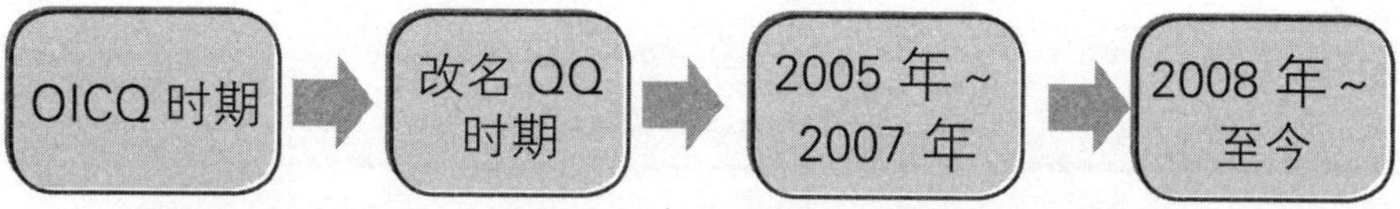

1. OICQ时期

QQ最早的名字叫做OICQ，是在1999年上线的即时通信软件。当时，互联网上的社交领域还是聊天室的天下，而聊天室并没有点对点的个人联系功能。针对这种情况，腾讯推出了OICQ99a产品，这款产品的功能比聊天室强大很多，具备点对点、一对多、单点传输文件等各色功能，成为了当时国内功能最强大的聊天软件。随后腾讯又推出了OICQ99b，在这一版本中，产品增加了语音功能，使得产品功能进一步趋向完善。

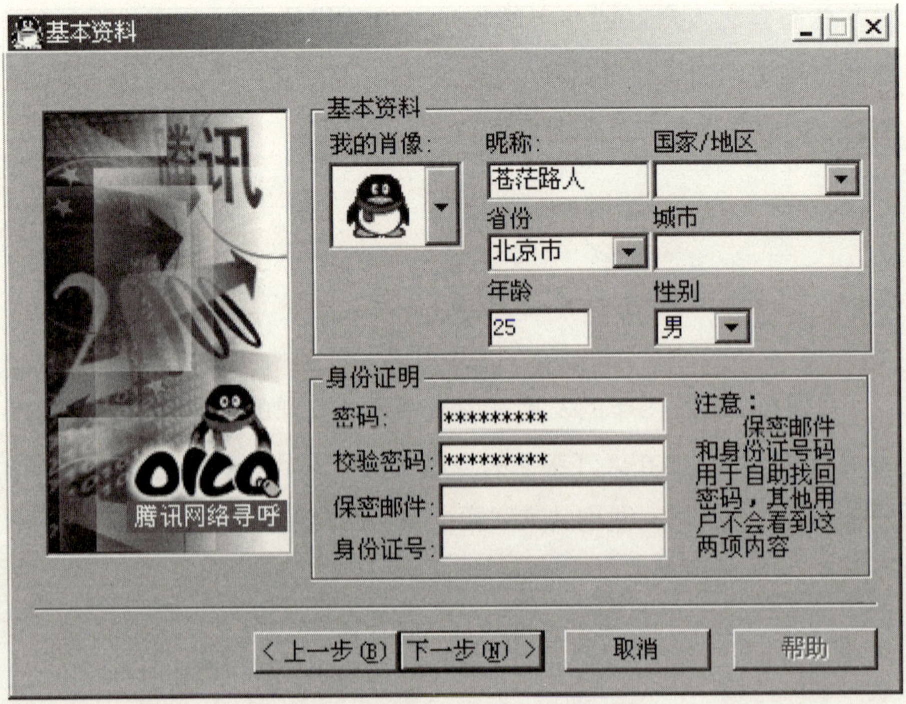

2. 改名QQ时期

2000年，腾讯将OICQ的名字改为了QQ。从更名到2004年腾讯正式上市期间，QQ增加的很多功能，包括其自带的腾讯浏览器、移动QQ、隐身、视频聊天、QQ群、QQ秀、QQ游戏、网络硬盘和远程控制等。其中移动QQ保证了人们可以随时随地实现在线Q聊；视频功能改变了用户的沟通方式，实现了面对面的交流；QQ秀具有很好的用户互动属性，增强了用户黏性，在当时有“最赚钱的服装厂”之称；QQ游戏则迅速成长为最大的休闲游戏门户网站；远程控制功能对于一些企业来说是一场革命性的创新，对企业的经营管理起到很大的便利作用。

3. 2005年~2007年

2005年到2007年期间，腾讯QQ相继推出了QQ空间、QQ音乐、离线文件发送和窗口抖动等功能。QQ空间不但为QQ增添了社区属性，而且其装饰道具和背景音乐等增值服务，还给腾讯带来不菲的收入；离线文件功能给用户传输文件带来了很大的便利。至此，QQ的各种用户需求性功能已经基本得以实现。

4. 2008年~至今

2008年至今的各种版本则是对QQ的优化和完善，比如超级群、好友印象和应用盒子等。手机QQ则是在2003年诞生的，由于当时手机主要还是塞班系统的功能机，所以在2008年之前，手机QQ变化并不大。到了智能时代，根据触控式交互的特点，手机QQ做了很多界面上的改变，用来增强用户的体验，而且起到了很好的效果。

腾讯公司在2011年推出了微信，后者很快取代了QQ，成为大众化的社交产品。但是，QQ的发展之路并未停止，它在人们的工作生活领域中，依然发挥着极其重要的作用。所以，我们完全可以期待QQ在不远的未来，能够以全新的形式出现在我们面前，从而夺回它以前的社交霸主地位。

5.5 营销模式

说到营销，我们很自然地会想到打广告、发传单等传统营销方式，并会对此留下不好的印象。没错，传统的营销方式因为其无针对性、强制性的信息投放方式，使得很多人对其产生了厌恶的情绪，从而降低了对这类形式营销方式的信任度。例如我们基本上不会相信广告或是传单中的产品信息，觉得那些东西都是不真实的。

互联网的发展则颠覆了传统的营销模式，使互联网营销的概念深入到社会的方方面面。例如QQ、微信等社交类平台，百度、谷歌等搜索类平台，以及阿里巴巴、京东等电商平台，都成为企业进行营销活动的最新阵地；而且互联网营销具有的分享性特点，由此决定了此类营销方式是非强制性的，它更容易被人接受，从而起到最优化的宣传效果。

5.5.1 无互动不营销

过去人们都说“顾客是上帝”，如今到了互联网时代，应该改为“用户是上帝”了。那么，顾客和用户之间，到底有什么区别呢？

答案其实很简单，那就是互动。在传统的顾客思维中，只是要求将产品卖给顾客，当企业提供完销售服务之后，整个服务过程就结束了；而互联网时代下的用户思维则是，将产品卖给用户后，还要为用户提供持续性的后续服务，在这个过程中，商家与用户可以建立长期稳定的互动交流关系。

但是，若想将用户思维落在实处，其实并不容易。有些传统企业在利用用户思维时，只是简单地拓宽产品销售渠道，增加网上销售的方式，认为这就体现了用户思维的要求。实际上，他们的服务理念并未改变，仍是旧时代下的顾客思维而已。用户思维的核心内涵，也就是与用户互动交流的观点，其实从未出现在他们的脑海中。

那么，企业若想正确地利用用户思维，到底应该怎样做呢？笔者认为有以下两方面需要注意。

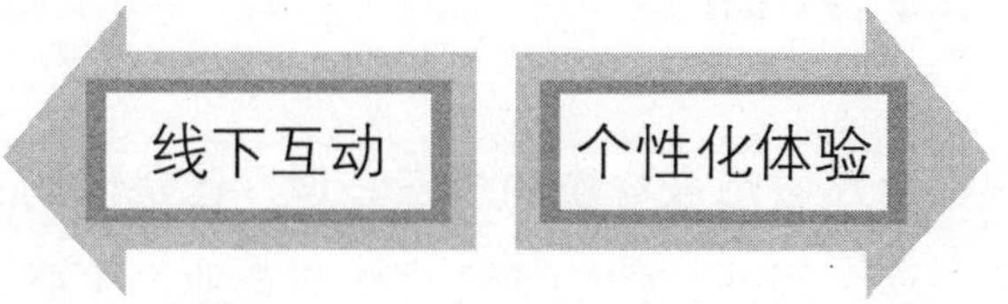

1. 线下互动

商家在卖出产品或赠送赠品时，还要让用户知道你的存在和价值。在这种时候，为用户提供丰富多彩的线下活动，和用户产生积极的互动，就成为很有效的方法。

2. 个性化体验

互联网改变了人们固有的消费行为和消费习惯，使其在行为上形成了全天候、多渠道的特点，习惯上形成了社群化、本土化、移动化的特点。用户也脱离了“价格敏感期”进入“体验敏感期”，不再重视产品的价格，而是追求个性化的体验。企业只有做好与用户间的互动，才能满足用户的个性化体验需求，从而真正利用好用户思维。

5.5.2 有联系才有销路

很多用户都存在着想被尊重的潜在心理，这是他们心理活动中不可或缺的重要方面。因此，他们便会生出与企业产生联系，甚至直接对话的需求。如果企业可以满足他们的这种需求，就可以得到他们的最大好感，从而实现最大化的经济创收。

但是，联系并不是随便产生的。企业若想实现与用户间的互动交流，就要建立一个行之有效的沟通平台，然后通过此类平台，打开与用户交流的通道。例如小米公司在其发展经营的过程中，就十分重视与用户间的联系，不但在产品的研发环节充分吸纳用户的意见，而且在售后服务中做到人性化交流，最大限度地满足小米用户的具体需求。而小米只借助了三个平台就完成了上述事情，那就是微博、微信以及论坛。这个例子无疑说明了平台对于客商联系的重要性。

如何利用好平台，做到与用户间的有效联系，是每家企业都要认真考虑的事情。在互联网时代下，用户对产品是最挑剔的，他们不仅重视价格和质量，而且重视速度与创新。但是与此同时，他们又是最容易知足的，只要企业能够找出他们的具体需求，做到有的放矢，就可以迅速赢得他们的衷心支持，从而创造出最大化的经济价值。

综上所述，与企业进行有效联系、紧密沟通，无疑是用户需求的最重要方面，企业如果做到了这一点，就不愁打不开产品的销路。

5.5.3 人人都是种子客户

何为种子客户？就是指除了自己消费，还能对企业和产品做出宣传，从而引导周围人进行消费的客户。这样的客户无疑是商家梦寐以求的，因为他们能够为商家创造最大化的商业价值。

在互联网迅猛发展的今天，分享精神已是无处不在。无论是观点还是心情，无论是思想还是资讯，都可以通过分享的方式展现在所有互联网用户面前，做到全民共享。这种分享特性决定了一件事，那就是每位用户都有成为种子客户的潜质。而企业若想充分挖掘用户的分享潜力，成功做到人人都是种子用户，就需要采取以下方法。

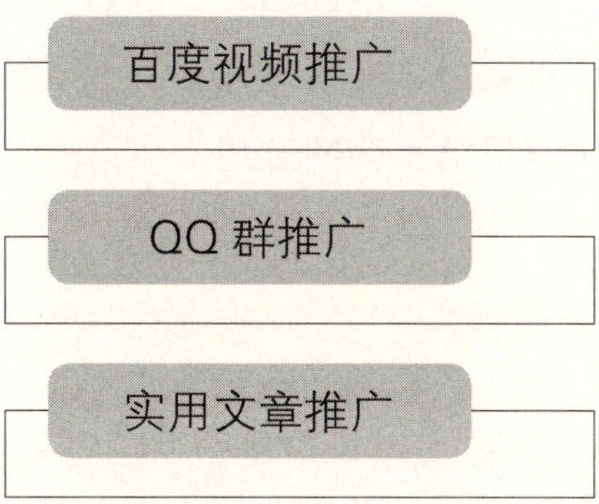

1. 百度视频推广

企业可以通过制作产品推广视频的方式，将所制视频发布到流量较大的视频网站上，如优酷、土豆等，并做好关键词设定。这样做可以使目标客户更容易在百度上进行关键词搜索，从而找到相关视频。如果该视频制作得新颖有趣，引发了目标客户的兴趣与支持，他们就会主动分享传播，从而扩大相关视频的影响范围。

2. QQ群推广

QQ群具有很强的类别性，一般是由具备相同兴趣爱好的用户组成的团体。商家可以根据自身产品的特性，加入到合适的QQ群中，向群中好友分享一些产品知识以及相关信息。例如做化妆品的商家，就可以加入一些时尚女性群，将自己的产品信息以及保养知识传播给爱美的女性朋友，将她们发展成为自己的种子客户。

3. 实用文章推广

企业可以编辑一些关于工具技巧以及生活经验的实用文章，将它们发布到网站或是论坛上，以此吸引目标用户的注意，产生分享传播价值。

除此之外，各类网盘推广以及淘宝、京东等电商平台推广也是很好的用户推广形式，可以为企业带来大量的种子客户。只要企业根据自身的发展特点，采取灵活多变的宣传推广方式，人人都是种子用户的目标必将实现！

5.5.4 持续的盈利模式

在互联网时代，企业的营销方式产生了很大变化，但是其根本的营销目的始终未变，那就是实现盈利，而且是持续的盈利。要想做到这一点，企业就需找到有效的产品盈利模式。一般来说，互联网产品的盈利模式主要分为以下两种。

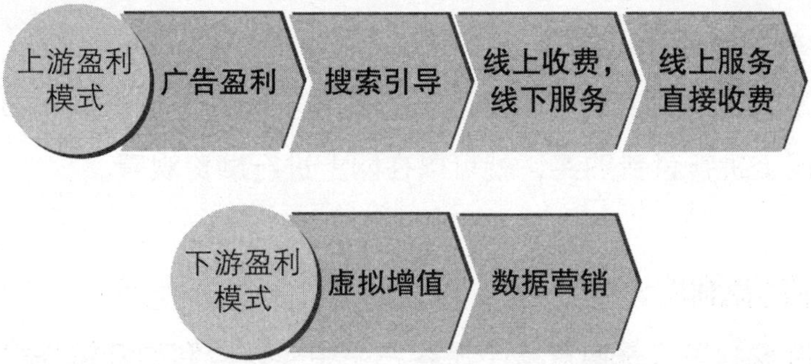

1. 上游盈利模式

上游盈利模式主要是指企业从上游商家处获取利润的营销方式，它分为以下几类。

① 广告盈利

这是一种十分常见的产品盈利模式，其产生盈利的基础就是互联网巨大的浏览量。商家可以借助互联网的流量优势，将广告投放在社交、电商类平台上，在推广企业产品的同时，起到点缀网页以及特色化推荐的效果。

② 搜索引导

这是一种十分有效的推介模式。企业可以采取在搜索平台上设置链接的方式，引导用户直接进入付费网站，以此产生盈利。但是需要注意的是，这种模式下的商家必须对链接结果负责，让产品对用户产生真正的价值，不然的话，产品在经历短暂的繁荣后，就会迅速失去用户的信任。

③ 线上收费，线下服务

顾名思义，此种模式是在线上收取佣金，然后为用户提供线下服务的营销模式。例如用户在电商平台上进行购物时，只需在线上交费，货物就会及时传递到用户手上。

④ 线上服务直接收费

这是一种线上交费享受线上服务的模式。例如当当电子书，只要在当当网上进行付费购买，就可以在网上进行浏览观看。

2.下游盈利模式

下游盈利模式是商家从下游客户手中实现盈利的营销模式，它主要分为以下两种。

① 虚拟增值

这是一种以极大用户量为基础的营销活动，它的核心价值体现在为虚拟物品增值。例如腾讯利用QQ平台上的海量用户优势，推出的QQ币服务，就是虚拟增值服务的典型代表。

② 数据营销

此种模式主要针对企业用户，是在不泄露隐私和秘密的基础上，利用网络大数据的优势，进行数据信息销售活动。

总而言之，对于企业来说，持续盈利的模式有很多，但如何根据自身特点，采取最适宜的盈利模式，获取最大化的经济收益，才是决定成功的最关键因素。

5.5.5 【国足亚洲杯】看众商家如何玩转互联网营销

足球亚洲杯是中国的足球迷们最关注的事，而如何借着足球亚洲杯的“东风”，实现自己的盈利目标，则成为商家们的追求。接下来，让我们看看众商家是如何抓住亚洲杯的商机，开展自己的营销活动的。

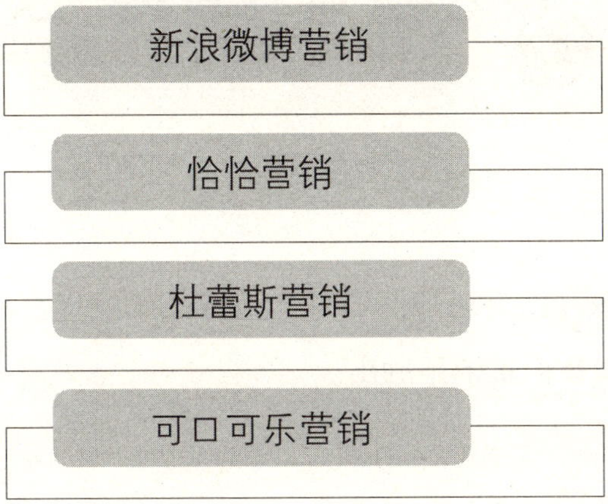

1. 新浪微博营销

新浪微博作为资讯传播极快的社交媒体，吸引了大量球迷参与话题讨论，小组第一、连战连胜这样的成绩更是值得中国球迷进行一场狂欢。新浪公司借着自家的新浪微博平台，不但举办了多场线上活动，还与很多商家合作，积极开展微博营销活动，赚取了海量的经济收益。

2. 恰恰营销

在国足和乌兹比克对战胜出后，洽洽瓜子发博：乌兹别嗑？中国就要嗑！采用谐音祝贺国足胜出。

3. 杜蕾斯营销

杜蕾斯的营销方案十分出彩，具体内容是：国足为ying够。它使用了一语双关的模式，既起到了祝贺国足赢球的作用，也吸引了大量用户的目光，令人忍俊不禁，实在是一个风流但不下流的极佳营销方案。

4. 可口可乐营销

可口可乐的营销方案在颜色上下足了功夫。它的具体做法是把红色罐装可乐和中国球员红白相间的球服相配，以此来表达对国足的祝福。

除了上述几家企业之外，加多宝、小米以及华为等企业也分别开展了自己的营销活动，既表达了对国足的支持与祝福，也实现了自身的营销目的，吸引到很多人的关注目光，产生了很好的传播推广价值。

Chapter 6

六个细节——用小眼洞察大思维

6.1 简捷

简捷其实是两个词，简是简约，捷是快捷。它们同时体现了互联网时代的发展要求。

简约并不等同于简单，而是一种极高境界的完美，当它和快捷结合起来，组成简捷思维，并成功融合到企业的经营发展模式中时，往往会使后者取得极大的成功。例如百度和谷歌的页面，总共不过是一个搜索框、一个企业LOGO以及寥寥几个文字，但它们却分别是中国和世界上最大、最成功的搜索引擎。百度和谷歌为什么能够达到这种程度？答案就是他们成功地运用了简捷思维，不仅将自己产品的本质特色充分展现在用户面前，做到了简约大气，而且为用户提供了最快速、最全面的体验享受，做到了快捷。这就是他们能够赢得用户支持的核心要素。

6.1.1 脱去繁重的外衣

现在有很多企业，为了达到吸引客户关注的目的，盲目增加产品的功能，却忽略了这些功能的实用性。结果产品非但无法赢得用户的青睐，反而得到了不少恶感和差评。其实，为产品脱去繁重而不必要的枷锁，使其还原本质，才是最重要的事情。只有做到这一点，产品的核心功能才能真正凸显出来。

那么，到底要为产品脱去哪些“外衣”，才能还原产品的本质呢？笔者认为主要有以下两点。

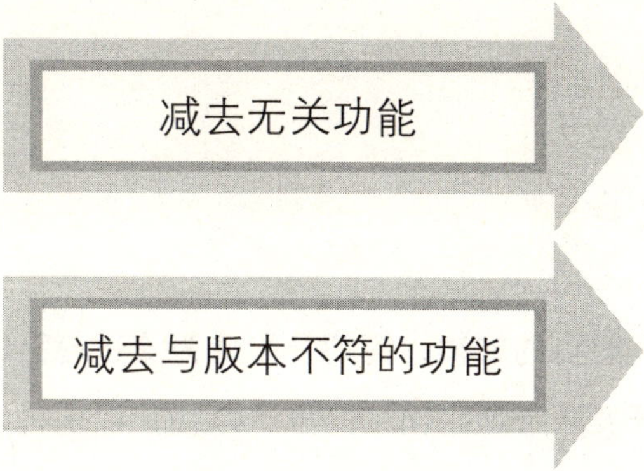

1. 减去无关功能

每种产品都有一个核心功能，增补的功能只有在与核心功能产生联系时，才能为用户提供更好的产品体验。反之，若是增补的功能与核心功能无关，甚至格格不入，就会阻碍核心功能的发挥，使用户混淆产品的本质，降低产品的体验效果。所以，产品经理应该时刻注意删减产品的无关功能，使产品的核心功能更加突出，这样才能更好地增加产品的市场竞争力。

2. 减去与版本不符的功能

企业在为产品进行更新迭代时，往往会在新版本中增加一些特色功能。其中一些功能与产品自身相关，并能满足目标用户的需求，这样的功能就有必要添加。但是还有一些功能却是用户使用率极低，甚至根本不用的功能。这就说明该类功能与用户需求无关，企业大可将其删去，使产品变得更加简约大方。

需要注意的是，为产品脱衣并不等于使产品裸体，必要的外在包装和亮点包装还是需要的，一些无关紧要但是新颖有趣的小功能也可以保留下来，这样做能够有效增加产品的美观性，使用户得到更高层次的体验享受。

6.1.2 简约之美

随着苹果智能机的成功，简约开始成为流行趋势。很多产品经理都会在产品的开发环节追求简约的设计风格，以求符合市场上的流行趋势。但是，这种做法却往往无法达成预期目标，反倒会使产品表现出外在简单、内在更为简单的特质。这就是没有把握住产品简约本质的恶果。

简约其实是一个很高级的设计理念。它要求产品的外在内容很少，但是在其极少的外在内容下面，却要隐藏海量的内部内容。例如谷歌，简简单单的一个搜索框，却可以为用户提供最全面的信息和最快速的搜索服务，这才是真正的简约。

那么，什么样的产品才可以突破简单的范畴，做到简约呢？笔者认为以下几点需要注意。

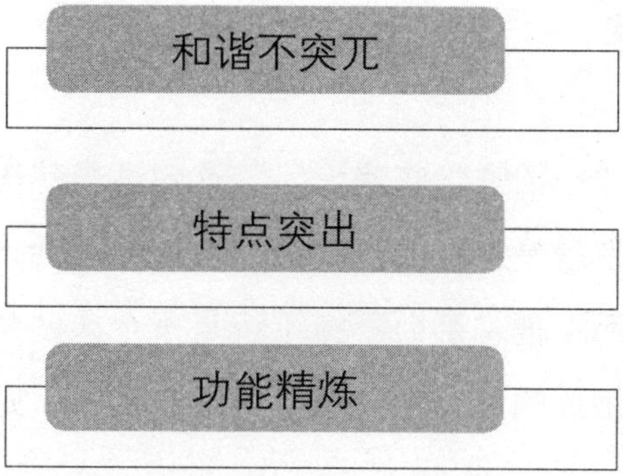

1. 和谐不突兀

产品在设计完成后，如果能够在整体风格上保持和谐简约，没有任何突兀的因子，那么它就可以称得上是好产品。推而广之，当产品在每一细节处也能做到与整体风格保持一致，那么它就是真正成功的产品。

2. 特点突出

我们在强调简约的同时，也不能忽视标签思维，因为只有具备最突出内在风格的产品，才能赢取用户的支持和信赖。否则，简约只能流于空谈，根本无法发挥出任何作用。

3. 功能精炼

产品的内在特质要突出，但这种特质却不能太多，以免掩盖了产品的本质功能。只有当产品的核心功能无比精炼，并发挥出最大化的使用价值时，产品才能获取目标用户的青睐，从而取得成功。

6.1.3 少即是多

我们常说："一招鲜，吃遍天。"这句话虽然有失偏颇，但也反映了一个道理，那就是专精的重要性。在现代社会，专业化分工的趋势越发明显，博而不精、杂而不纯不但是一个人的禁忌，而且是产品和企业的禁忌。相反的是，学会精简，做到专精，则能为个人和企业带来更多的收获。

其实，用户并不在意产品有多少附加的功能。过多的附加功能不但无法吸引用户的注意，反倒会增加用户的负担，而且在这个过程中，互联网上大量的信息也分散了用户的注意力，导致用户不可能在一款产品上耗费太多精力。所以为了增加用户粘性，企业要学会精简，保留能够满足用户需求的核心功能，删去不重要的功能，将核心功能做到极致。这样才能获得用户的认同，增加用户对产品的忠诚度。

另外，追求个性化已经成为用户使用产品的一个趋向，但个性化并不意味着繁复，而是一种极致的简约。这就需要设计人员在个性化和功能简洁上找到一个平衡，以此来满足用户的个性化需要。

企业若想凭借有限的资源，在商界找到自己的立足之地，就要对产品做到精简，以减少产品特色和功能为代价，换取产品的极致化和专一化，并以此来满足目标用户的普遍需求，引发他们的尖叫，从而做到在市场上无往而不利。

6.1.4 简约但不简单

简单是指产品极其单纯化的设计，简约则是简单的再升级，它不仅要求产品做到简单化的外观设计，而且要求产品具有足够的品位。换句话说，就是指企业把握好产品的细节，做到在局部和整体上的精益求精。

但是，很多企业都会陷入求全的误区，为了使产品能够提供给用户全面化的服务，便在产品里面罗列了一堆的功能。在这种情况下，即使是再有能力的排版人员，也无法使产品的版面变得清晰洁净。如果产品陷入了这种境地，那么简约就根本无从谈起了。

真正的简约，不但要规避求全的陷阱，而且还不能停留在简单的层次。因为越是简单的产品越容易被模仿，也就越容易被其他产品所取代。只有把产品做到简约，才能将其被取代的可能性降到最低。因为简约的产品，既能满足用户的需求，又有自己独特的风格品味。这种风格品味是其他产品所模仿不来的。

比如微博的140字规则就非常具有简约精神，它改变了博客长篇大论的表述方式，具有简明扼要的特点，从而满足了互联网用户的阅读习惯和分享习惯，赢得了他们的支持；QQ也具有典型的简约精神，早期的QQ产品在外观和功能方面都做得十分简单，甚至可以说粗糙，它只有几个简单的选项，甚至连风格都没有。但是经过一代代版本的更新，QQ产品已经发展成为简约的风格，虽然特色功能增加了不少，但是其简单化的操作和社交本质始终未变。

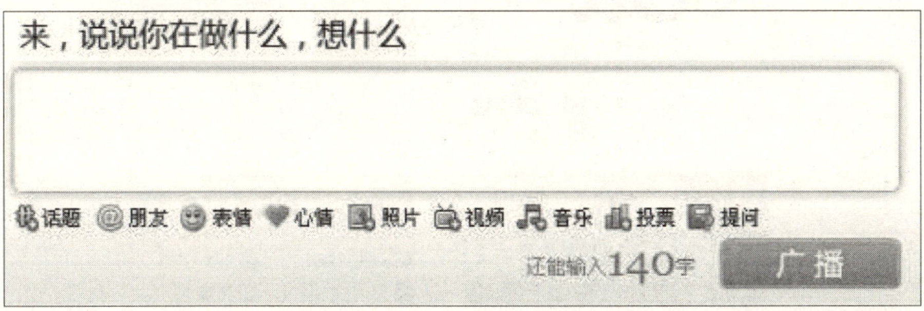

总之，一款简约的产品，应该是这样的：增添一个功能，显得累赘；减少一个功能，有些缺憾；简单的外观设计下却透露出细致和美感。当产品满足上述描述时，它无疑就是真正做到了简约。

6.1.5 【hao123】年收入20亿元的秘密

百度收购hao123，是2004年互联网商业领域发生的一件大事，hao123卖出了5000万元人民币外加百度股权的高价，更是让很多人感到震惊。这件事发生之后，引起了很多人的思考：为什么hao123会如此值钱？为什么hao123能够聚集如此多的用户？

要想解答上述问题，就不得不谈到促使hao123成功的两大因素。

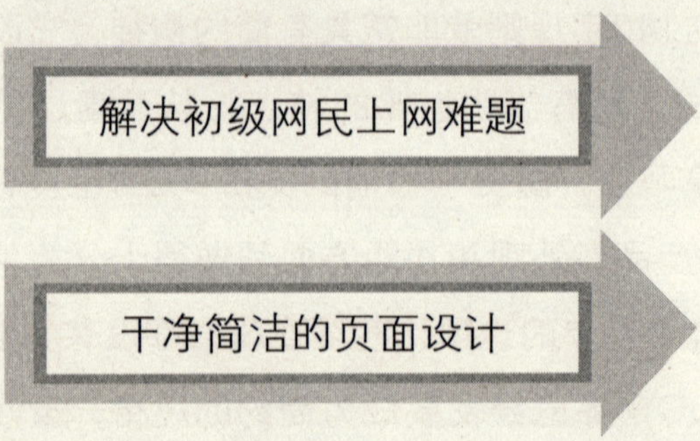

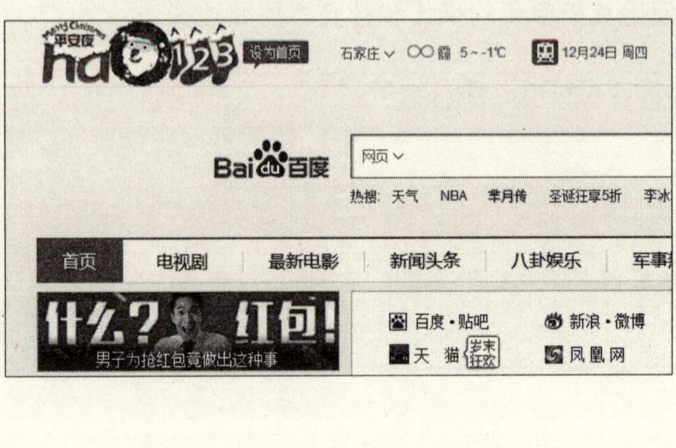

1. 解决初级网民上网难题

在互联网发展的初始阶段，互联网企业忽略了初级网民市场，没有做好对初级网民的引导工作。而初级网民本身既记不住繁琐的英文网址，也找不到地址栏，甚至有些用户不会使用键盘，这就使他们的上网行为变得很困难。针对这种情况，hao123为初级用户提供了最大的便利条件，他们只需要轻轻一点，就可以直接去到自己想去的网站，避免了输入网址和文字的烦琐，这种极致的便利性使hao123聚集到大量的忠实用户。

2. 干净整洁的页面设计

hao123自成立之初，就一直保持着干净简洁的设计风格。首先，在hao123导航页面上，添加的都是在用户容忍限度之内的广告，烂俗广告和病毒弹窗几乎从未在上面出现过；其次，hao123采用像报纸版面一样的网页排版方式，这符合了当代中国人的阅读习惯，引发了普遍化的好感；最后，hao123导航页面的加载不需要联网，用户可以快速打开，这就为用户带来了更好的体验效果。

hao123成功的关键，就在于它同时具备了专注和极致的互联网产品思维，一直坚持做好简单的事情。这使得它创造了足够大的价值，并最终被百度以5000万元高价收购。

6.2 整合

人们对整合的印象往往是企业对内部资源的整合，这种看法其实是十分片面的。真正的整合，不仅包括对企业内部的整合，还包括外部资源的整合，也就是与其他企业的合作。这种做法可以最大化地利用有效资源，实现企业间的优势互补，从而产生双赢的效果。但是，整合思维的运用并不简单，它需要企业保持理性的状态，认清自己的长处和短板，在具体整合的过程中，做到充分发挥优势，有效避开劣势。只有这样，才能将整合思维落到实处，发挥出最大化的积极效果。

6.2.1 为用户量身定制

周鸿祎曾经在一次谈话中提到："携用户以令诸侯。"当时这句话成为业内的笑谈，很多企业都对这种说法抱持着怀疑、无视，甚至是嗤之以鼻的态度。后来，周鸿祎为这句话做出了详细的解释："我所说的前提是用户对360有完全的信任。但是如果360干坏事，就会失去这种信任，用户就不会再用360了。"从周鸿祎的谈话中，我们可以看出，用户不但是企业发展壮大的基石，而且是企业最重要的无形资产。

用户对企业的重要性不言而喻。很多企业都对这一点有着很深刻的认识，并想方设法满足用户的一切需求。例如小米对米粉的重视由来已久，甚至在其开发设计产品时，都让米粉参与进来，其目的便在于为用户量身打造符合其需求的产品，以此赢得用户最大的好感度。小米在手机领域取得了业内瞩目的成就，而且在进入电视市场后做得风生水起，为用户量身定制的理念在其中发挥了极为重要的作用。

随着移动互联网技术的不断发展，企业间抢夺话语权的竞争变得越发激烈。只有成功抢得话语权，才能在日益激烈的市场竞争中成功占得先机，而话语权的来源便是用户的支持。所以，企业若想实现在新时代中的发展，就要树立用户至上的理念，为用户量身打造产品和服务，只有这样，企业才能在风云变幻的市场大潮中做到岿然不动，并取得最终的成功。

6.2.2 跨屏整合

在谈跨屏之前，我们先来试看互联网时代中的“标准人”一天的生活。

早上起床，一边洗漱一边打开微信，看看朋友圈的情况；上班挤公交，在公交车上找到一个位置，静静地刷微博；公交车因为堵车或红灯停下，偶一抬头看向窗外，发现LED大屏幕上有个大美女；终于到了公司，在等电梯的过程中，发现旁边视频里正在播放二手车的广告；中午该吃饭了，拿出平板电脑，调出里面的电影观看；晚上下班，在路上拿出手机，闲来无事去社区逛逛；回家后打开电脑，取出手机，一会儿玩玩电脑，一会儿看看手机，忙得不亦乐乎。

上述例子表明了一个事实，那就是跨屏已经成为一种潮流，开始深入到人们生活中的每个方面。据一项有效统计显示，“跨屏”用户已经占到互联网用户的90%左右，成为互联网用户中一股不可忽视的力量。很多商家看中了“跨屏”中蕴含的商机，开始采取盲目轰炸的方式，在大小屏幕中投放大量广告，以求达到“广撒网，多捕鱼”的效果。殊不知这种做法忽略了用户的具体需求，不但使用户产生了厌恶反感的心理，更使他们对跨屏视频广告产生了麻木感，从而失去了对视频的关注敏感度。

但是，跨屏并不是完全没有文章可做，只要做得好，同样可以产生极大的营销价值。举例来说，如果牙膏商家需要做牙膏的广告，就没有必要在所有屏幕中投放广告，这种行为是一种极大的浪费，也无法起到好的效果。正确的做法应该是在电脑、手机以及平板电脑处适当植入广告，这样做可以起到有效的宣传效果。

总而言之，企业应该针对目标用户的需求，将大量广告资源进行有效整合，精简其中的多余部分，做到准精营销。只有这样，才能使跨屏产生真正的营销价值。

6.2.3 战略并购做起来更快

2013年，百度花费18.5亿美元收购91助手，此举引发了业内的一场地震。百度的用意十分明显，就是争夺进入移动互联网的入口市场。有人戏称百度是在买一张登上“移动互联网大船”的“船票”，而且还买贵了；还有人认为这张“船票”并没有帮助百度顺利“登船”。但是在百度老板李彦宏看来，此举是完全值得的，因为百度的战略是，要么不投资，一旦投资就必须拿下。

那么，百度为何对一款入口级产品如此重视呢？这就要从百度的产品性质谈起。百度的搜索服务遍布全国、深入人心，这是得到公认的，无需赘述。但是，百度旗下的诸多移动互联网产品，却未达到重量级水平，它们的数量虽然不少，但却无法引起用户的太多关注，导致其总是处在一个不上不下的尴尬地位。百度曾尝试改变这种状况，大力推广自己的百度手机助手、百度钱包等产品，但是收效甚微，其产品无法做到赶超市场上的其他成熟产品。这是因为助手市场已经被360和91瓜分，支付市场被支付宝和微信支付瓜分，百度入场太晚，错过了争夺相关市场的机会。

从那之后，百度就将目光转移到目标市场上的成功产品身上。当时的91无线拥有很大优势，它不仅有庞大的用户量和完善的渠道和平台，还具备丰富的资源和经验，无论从哪个方面讲，都不输给360。所以，收购91就成为百度的最佳选择，它不但可以为百度实现战略上的整合，使百度获得梦寐以求的移动互联网入口，更可以直接对360产生威胁，抢占相关市场份额。总而言之，百度通过这种并购战略，既节省了自己的发展时间，也避免了对手的发展壮大，可谓是一举两得。

2014年第3季度中国全渠道应用分发市场份额

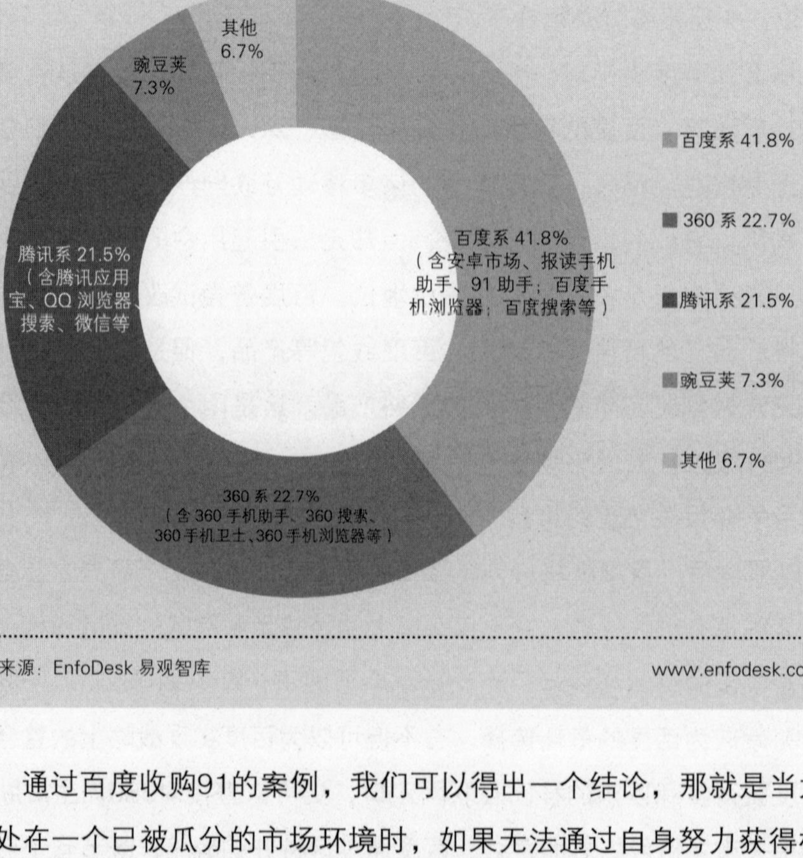

来源：EnfoDesk 易观智库　　www.enfodesk.com

通过百度收购91的案例，我们可以得出一个结论，那就是当大企业处在一个已被瓜分的市场环境时，如果无法通过自身努力获得相应的市场份额，可以通过收购某个业绩很好且发展成熟的相关产品，来达到占领目标市场和获得话语权的目的。这也是大企业增强自身市场竞争力的最快、最优做法。

6.2.4 【客路】去碎片化的错位竞争

在所有的旅游产品中，如果谈到所占市场份额最大，那么毫无疑问，就是旅游交通和旅游住宿。因为这两项业务所面对的是观光和度假的用户群体，而这部分用户的人数恰恰又是最多的。

携程网和去哪儿网作为网络旅游市场的巨头，早已看中了旅游交通和旅游住宿市场的巨大潜力，并将其作为企业开展业务的主要方向，占据了相关市场的优势地位。这就使得其他企业很难插足其中。但是，另外一个旅游相关市场的兴起，则为很多企业提供了一个全新的从业选择，那就是针对体验型的旅客的目的地市场。而这方面做得最好的，就是客路。

客路的经营思路是，企业要对旅游目的地的情况做到足够了解，在此基础上，为用户提供符合当地特色和用户需求的个性化服务。另外，企业在目的地寻找合适的合作伙伴也很重要。因为借助合作伙伴的影响力，可以起到吸引目的地旅客的良好效果，使旅游目的地获得更大的流量。客路正是凭借着上述经营思路，成功开拓并稳定了旅游目的地市场，成为了目的地市场的先行者。

但是，随着旅游目的地市场的不断发展，不少巨头企业都开始认识到这个市场的重要性和远大前景，并纷纷涉足其中，给客路带来了很大压力。对此，客路的创始人Ethan并不担心。Ethan认为，只要客路的产品和服务保持有足够的个性，能够形成深受用户喜爱的创新文化圈，就可以取得巨大的进步，甚至与巨头企业形成分庭抗礼之势。

6.3 迭代

在移动互联网迅猛发展的当下，迭代思维已经成为一种不可或缺的产品经营思路。这是因为移动互联网具有极速发展和用户需求随时变化的特点，此类特点决定了产品的开发环节需要尽可能地缩短，使产品更快速地投入市场。只有这样，才能使产品占据目标市场中的优势地位。但是与此同时，目标市场对产品质量的要求并未降低，反倒有了极大程度的提高。这就使得产品不但要快，而且要兼顾质量，实在是一个不小的难题。

迭代思维就是为上述难题提供的最佳解决方案。它的核心理念是，允许原始产品存在各种漏洞与不尽完美的部分，以此来换得尽量少的开发时间，做到快速投入市场。在产品投入市场之后，则通过不间断地更新迭代，来修补原始产品的漏洞，不断满足目标用户的需求，从而不断完善产品。这就保证了产品可以同时做到快速与优质，从而最大化地提高市场竞争力。

6.3.1 在迭代中精益求精

以前，企业在开发某款产品之前，先要进行全面的研究，思考产品的生产过程中可能遇到的问题，并做好应对措施。所以，传统生产模式下的产品开发周期都比较长。但是，互联网时代却是一个产品更新迭代极快的时代，如果产品在研发速度上跟不上其他产品的开发速度，就很有可能被市场淘汰。

我们可以假设一种情况。如果百度当年并没有推出搜索引擎，而是在完成整个产品的基本功能后，耗费很长时间优化关键字精准度，并花费大量时间优化搜索速度，那么百度可能会一直处于优化状态，很难有一个长足的发展。现在我们也无法看到那个众所皆知的“度娘”了。所以，在互联网时代下，根本没有所谓的“慢工出细活”，只有采用在迭代中精益求精的新模式，才能顺应时代的潮流，使产品在市场中占有一席之地。

那么，在迭代中精益求精的精髓到底是什么呢？笔者认为主要有以下两个方面。

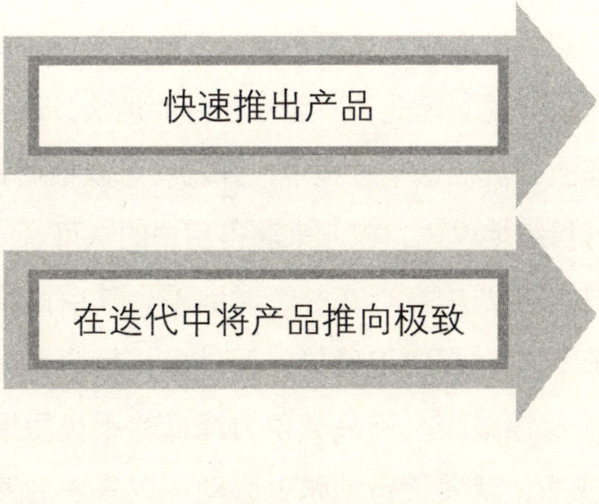

1. 快速推出产品

原始产品在完成了基本的架构和功能设定之后，就要做到快速推出，以此来达到迅速抢占目标市场的目的。

2. 在迭代中将产品推向极致

原始产品推出后，在之后的不断迭代过程中，一定要做到对产品的精雕细琢，使其不断趋于完善。只有这样，才能赢得目标市场的真正认可。比如百度在推出《汽车行业报告》这项产品时，曾因其不够权威且数据不准而导致反响平平，但是在产品的后续迭代过程中，百度在其中补充了大量翔实的数据，使这款产品的质量不断提升，终于使《汽车行业报告》获得了众多同行的赞赏。这就是通过产品迭代、实现精益求精的典型案例。

6.3.2 让行动跟上心动

世界上有很多出色的人才，他们的想法在很多时候会出现类似的情况。当一个好想法出现时，如果不能立刻将其实现，就可能会被具有同样想法的人抢先实现。因此，一旦有了好的想法，开发者就需要快速开发，然后立即上架。在这个过程中，开发者可以根据获取到的用户反馈，对产品进行持续地改进，以此来获得用户的认可。

但是，想法与实践毕竟存在一个时间差，其中留给开发者的时间并不多。如果在这个过程中浪费的时间过多，就会损失掉大量的目标用户，导致用户反馈减少，产品竞争力降低的不良后果。因此，一款产品若想取得成功，就要使行动跟上心动，以最快的速度投入市场，让产品接受目标用户群的检验。

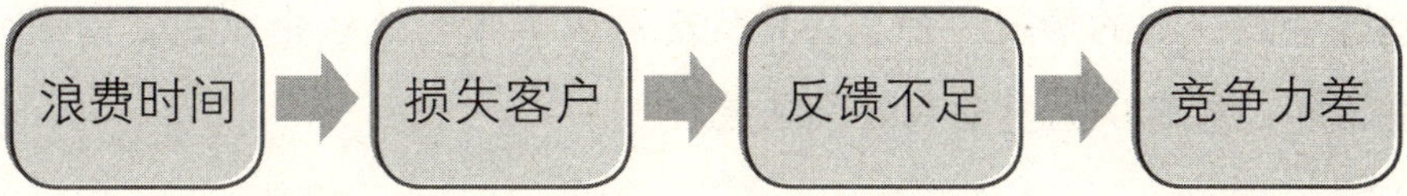

在如今的时代，成功没有捷径，只有脚踏实地提高创意的变现率，加快产品的研发速度。很多企业已经认识到这一点，并要求自己的产品研发团队形成了一种固有的习惯，那就是每周更新一次产品。这种高强度的锻炼和挑战，不但能够帮助团队成员及时发现自身缺陷，做出针对的改进措施，而且可以使企业适应新时代的快速发展需求，让行动能够真正跟得上心动。

6.3.3 在试错中求创新

在传统的企业经营思维中，防止错误的产生是重中之重，而其中的主要防范措施就是强化风险评估。但是在移动互联网时代，促使错误产生的不可控因素实在是太多，风险评估近乎无法做到，这就使得人们失去了对于错误的掌控力。其实，这种情况的产生并不是坏事，反倒成为一个新契机。只要企业能够在面对错误时，做到好好利用错误，在试错和改错的过程中不断完善产品，就可以实现自身的再发展。

试错对于产品来说，是十分重要的。对于没有同类产品的新产品，拿到市场上试错，可以验证这款产品是否有用户需求，方向是否正确；对于已经存在的产品，拿到市场上试错，可以通过用户反馈的答案，解决产品的各种问题，以便更好地满足用户需求。

但是，试错并不是百试百灵的“仙丹”，很多企业在试错过程中也遭遇到失败的情况。那么，是什么原因导致了这些企业的试错最终失败呢？笔者认为主要有以下三点。

- 企业运营思维没有转变，依然是先完美产品，再推向市场的传统思维
- 缺乏对试错时间成本的研究，导致试错效率低下，执行不到位
- 一旦试错失败，往往会归罪于决策者或执行者，没人愿意承担失败责任

试错更像是微创新，它并不要求改变产品的大方向，只是根据用户的反馈做出产品局部的调整和改进。因此，正确的试错方法，应该是在保证产品核心功能的前提下，找准试错方向，并对产品的质量做到严格把关。只有这样，才能使试错对企业的发展产生价值。

6.3.4 【韩都衣舍】小组制的更新迭代

韩都衣舍从2008年开始经营互联网服装品牌，以“款式多，更新快，性价比高”的经营特点，吸引了一大批目标客户的关注，赢得了他们的衷心支持。那么，韩都衣舍成功的原因到底是什么呢？这个问题的答案无疑很多，但其中最为重要的一个，就是其设计的“以产品小组为核心的单品全程运营体系”，很好地适应了互联网时代的发展

需要，从而促进了韩都衣舍的发展壮大。

小组制是韩都衣舍的核心经营机制，它在韩都衣舍的发展过程中，起到了十分重要的作用。小组制所蕴含的内容包括。

01 组织机构改革
02 权责利的统一
03 透明利益驱动
04 有效的运营机制

1. 组织机构改革

小组制改变了传统的管理经营模式，将以往的正三角结构管理转变为互联网时代下的倒三角结构管理。具体来说，就是组织趋于扁平化，将整个企业分为无数个小组进行独立管理，而且每个小组处于倒三角结构的最高层，由底层的领导和相关部门提供最强大的支持，享受最高的自由度。

2. 权责利的统一

小组制使得每一个小组都成为“微型企业”，享受企业所应享的绝大部分权力和金钱收入，例如当年的计划销售额是多少，希望达到多少利润，产品的生产营销策略是什么，这些问题都由小组商量决定，企业绝不进行过多干涉。但是，小组在享受如此巨大权力的同时，也承担着自负盈亏的义务，如果产品经营无法达到预期效果，小组成员很有可能会颗粒无收。韩都衣舍创始人赵迎光就曾表示，公司员工如果在两年内无法完成预期销售额的85%，就不会得到任何收入。

3. 透明利益驱动

小组制下的利益收入是透明的，其奖金收入公式十分简单，就是销售额×毛利率×提成系数。这种模式简单方便，使得员工可以很清楚地算出每日收入，产生持续的透明利益驱动效果。

4. 有效的运营机制

小组制下的小组由三个人组成，从产品的研发，到营销以及后续环节，都是由这三个人来管理，这就使得运营管理成本得到了最大化的降低，不仅提升了经营效率，并大大加快了产品的创新研发速度。

韩都衣舍的小组制模式符合了时代的潮流，是现代企业进行互联网化改造的成功尝试，并为企业创造了巨大的经济价值。其他企业也应借鉴韩都衣舍的成功思路，将自身经营与互联网充分结合起来，从而实现企业在新时代下的腾飞。

6.4 标签

标签是什么？很多人都有自己的见解，其实说白了，标签就是当人们谈起一家企业或是一款产品时，脑海中出现的第一印象。例如谈到百度，就是搜索引擎；谈到阿里巴巴，就是电商平台；谈到腾讯，就是社交。这些东西都是最典型的标签。

当人们在谈到一家企业时，如果绞尽脑汁都想不起任何值得注意的东西，那么很不幸，这家企业就是一家无标签的企业，而无标签就意味着失败。标签不仅意味着鲜明的第一印象，同时还代表着是同行业的翘楚。人们之所以对百度、阿里巴巴和腾讯的标签印象如此清晰，最大的缘由就是他们在各自领域做到了最好。

总而言之，企业为自己打上了最鲜明的行业印象，并在发展过程中始终坚持下去，从而做到让人们产生广泛认同的效果。这才是真正的标签思维。

6.4.1 成为行业佼佼者

第一个登上月球的宇航员是阿姆斯特朗，至于他的伙伴——第二个登上月球的人，说实话，如果不去百度，笔者也叫不上他的名字。这就形象地为我们展示了第一和第二的差别，那就是英雄和无名小卒。在互联网领域，人们最容易记住的还是第一，应用市场中的即时聊天产品和社交工具很多，腾讯和新浪的产品却是大部分人的首选，这就是“第一思维”在发挥作用，因为人们在选择产品时，总是会追求最好的那个。所以，一个企业在其发展过程中，必须树立成为行业佼佼者的目标，否则就无法在竞争日益激烈的市场中生存。

但是，成为第一的路途并非是平坦的，反倒充满荆棘和险阻。如果企业的产品足够优秀，还有可能向成熟的市场进军，和同类产品一分高下。然而，大多数产品其实是无法达到这个标准的，此时企业的正确做法应该是细分市场，专注于某一垂直领域。因为功能再强大的产品，也不可能满足用户的所有需求，必然会存在功能或体验上的盲点。只要企业能够抓住这种盲点，专注于某一领域，并将其发展到极致，同样可以做到该领域中的第一，成为相关行业中的佼佼者。

6.4.2 让标签更突出

我们都知道标签，也知道应该为自己确立一个标签。但是我们却很少知道一件事，那就是若想让标签真正地发挥效用，就要使标签变得更突出，甚至是出类拔萃。

人们在调侃腾讯公司时，有一句很有趣的话，那就是“一直在模仿，从未被超越”。这句话可能会使腾讯的高管们尴尬，但它对于其他的互联网企业来说，就没有那么好笑了，甚至可以说是梦靥。比如当年微信和米聊之争，很多业界人士都称腾讯的微信是在模仿小米的米聊，这种说法的正确性暂且不论，但有一点是肯定的，那就是最终的成功者是腾讯公司，其研发的微信火遍了全国各地。

腾讯的模仿能力堪称恐怖，也是令很多互联网企业谈之色变的地方。但是有两家企业却从来不担心腾讯的模仿，它们就是阿里巴巴和百度。腾讯曾经开发出拍拍网和搜搜，前者是电商平台，后者是搜索引擎，其目的就是抢占阿里巴巴和百度的业务市场，颠覆后两者的地位。然而直到今天，这个目的依旧没有实现。究其原因，就是阿里巴巴和百度将电商和搜索业务分别做到了极致，其标签化的印象已经深入人心，根本无法被外来因素动摇，更别提模仿颠覆了。

现在市场上的同类产品如同过江之鲫，企业若想在如此激烈的竞争中站稳脚跟，提升产品的核心竞争力，就要使产品的标签变得更加突出，以此来赢得目标用户的最大认可。这才是产品经营的王道。

6.4.3 标签下的商业化路径

标签思维已经成为互联网思维的一个重要方面，并对企业的产品运营策略产生了深远影响。但是，标签思维若想做到与产品的充分结合，实现其最大化的商业价值，却并非是一件简单的事。它需要企业对产品的标签进行深入挖掘，并在浮躁的市场大环境中坚持下去。

若想创造标签思维下的最大商业价值，企业要做到以下两点。

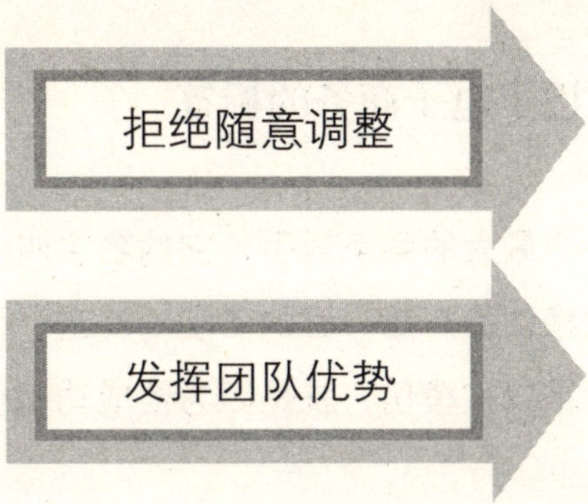

1. 拒绝随意调整

产品的标签是由企业自己指定的，它的正确与否很难判断，只能交由市场去决定。然而一旦将产品的标签确立起来，就不可随意更改，这对于企业来说十分关键。因为标签虽然是由企业确定的，但是它在具体发展过程中，也会渐渐成为用户认可产品的关键要素，甚至成为口碑传播的基点。如果随意改变标签，就会使用户对产品产生迷惑不解的心理，最后降低对产品的认同度和信任度。

2. 发挥团队优势

一款产品若想使自己的标签更加突出，就要在产品的已有基础上做到持续的更新迭代。而这一目标需要团队共同的努力才可达成。所以，只有将产品研发团队的优势发挥到最大，对产品进行不断地优化迭代，才能使产品适应快速发展的市场变化，做到最突出的标签化。

企业在标签思维下的商业化路途还有很多，但是无论什么途径，都要做到对标签的深入与坚持，只有这样，企业才能实现自身的发展壮大。

6.4.4 【阿里巴巴】电子商务的标签

腾讯公司有一个最大的竞争对手，它的名字叫阿里巴巴；腾讯公司有一款永远无法模仿的产品，它的名字叫淘宝。而阿里巴巴和淘宝之所以这么强大和难以被模仿，就是因为他成功地树立了电子商务的标签。

阿里巴巴能够成功的原因有很多，其中最重要的是以下三条。

- **良好的服务**：阿里巴巴为买卖双方提供了良好的服务，比如操作简单、能够谈判、购买销售方便和有保障等
- **占尽天时**：当时中国经济处于蓬勃发展的阶段，阿里巴巴的电商模式成功吸引到很多中小企业的关注目光
- **模式创新**：阿里巴巴在收费模式上有了创新，不再是向买家收取服务费，而是向卖家收取会员费

阿里巴巴的电子商务模式取得成功后，淘宝成为最大众化的电

商平台。但是淘宝在其发展历程中，也出现一些重大的缺陷，例如对卖家的监管难以到位，假货充斥市场等。之后，阿里巴巴又及时推出了天猫，有效地弥补了淘宝的不足之处。天猫的特点与淘宝迥异，它可以通过对卖家的监管，保证品牌产品的顺利售卖，从而为用户带来良好的购物体验。这是阿里巴巴完善自己电子商务标签的又一关键步骤。

大浪淘沙，唯剩真金。阿里巴巴在其诞生的十几年里，一直把用户和商家放在第一位，并按照自己确立的标签模式进行发展，终于使自己成为了中国最大的电商平台。因为，我们可以说，坚持标签化发展战略，并将自己的标签不断做大、做深，才是阿里巴巴取得成功的关键所在。

6.5 流量

在互联网出现之初，流量的概念就已经出现了。刚开始的时候，流量是网站经营中的必备要素，之后它又成为客户端和产品中不可或缺的因素。现代企业中早已存在着一个共识，那就是流量是体现用户量的重要标准。

现代社会早已不是“酒香不怕巷子深”的时代。企业若想实现其经营发展的目标，就要充分重视流量的作用，做好流量的生意，想方设法将流量转化为用户量，再将用户量转化为经济收入。只有这样，企业才能在竞争日益激烈的市场中站稳脚跟，达到其快速发展的经营目的。

6.5.1 从量变到质变

流量代表着数量。一个拥有庞大流量的企业必然拥有极大的用户数量，而当它拥有了足够多的用户时，其产品就会在市场上具有很强的竞争力，企业可以从中开创出新的商业模式或者发现新商机，这就是量变到质变的过程，也是流量思维的本质。

在中国，百度的搜索引擎服务具有最广泛的用户基础，而这些用户资源又会吸引很多企业的关注目光。这是各类排名业务和付费广告业务能够顺利开展的重要前提。如果没有这个前提，就不会有商家花钱去买“关键词”和“点击量”，因为根本没有价值。由此可见，流量对于互联网时代下的企业来说，已经成为一种战略性资源。

另外，流量的优势还可以为企业带来良性循环。当企业流量的规模达到一定程度时，企业就会在人们心中形成一种权威的印象，人们对企业的宣传就会自然而然地增多，最后形成滚雪球效应，吸引越来越多的用户关注，从而获取到大量用户的支持。

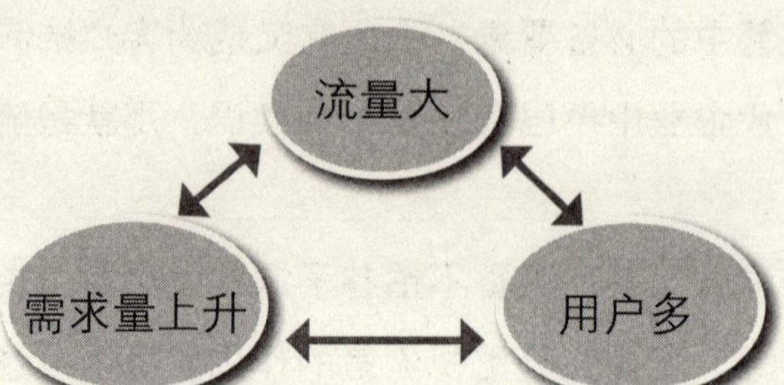

在互联网时代，最不缺少的就是速度和流量，但是如何以最快的速度获取到最大化的流量，并成功将这些流量转化为有效用户，则是企业需要认真考虑的事。只有充分重视流量思维，并将争取流量作为企业的战略发展大计，才能使企业获得最终的成功。

6.5.2　互联网下的流量渠道

我们提倡互联网化，提倡互联网思维与企业的有机结合是为了什么？答案非常简单，就是收入。而赚取收入的必要前提是拥有巨大的流量。在互联网环境中，获得流量其实很简单，只要找到一个有效的引流渠道就可以实现这个目的。那么，互联网引流渠道到底有哪些呢？笔者认为主要有以下几种。

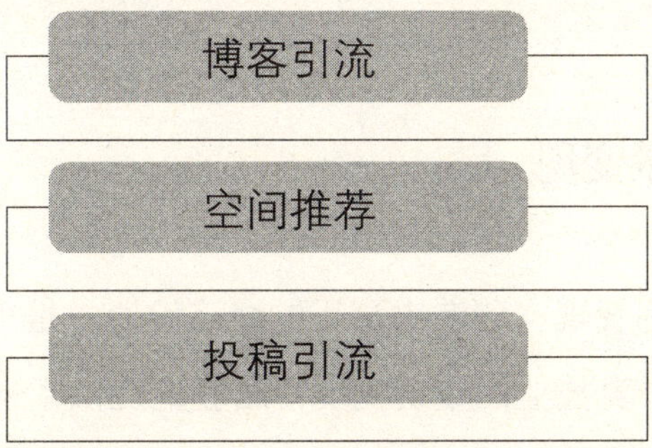

1. 博客引流

博客引流是一种十分有效的引流方式，我们可以利用博客的流量优势，在博客上与企业或是名人进行互推，以吸引大众的关注目光和阅读兴趣，从而达到最大化的引流效果。

2. 空间推荐

很多网络平台类产品都设有空间，比如QQ空间、百度空间以及聚友空间等，这些空间一般都具有较大的网络流量，如果我们可以在此类空间中发布推广信息，就会收到较好的引流效果。

3. 投稿引流

如果想对自己的产品进行推荐，又一时无法找到合适的转载传播渠道，就可以尝试采取向知名网站主动投稿的方式，来实现宣传引流。比如新浪、搜狐等，这些网站的流量极大，如果文章能够做到新颖有趣，必会吸引到很多的关注目光，从而产生最大化的引流价值。

除此之外，友情链接引流、聊天工具引流等方式也能起到很好的引流作用。企业可以根据自身条件和具体需要，对诸多引流方式进行灵活组合，以此来产生最优化的引流效果。

6.5.3 粉丝流量变现

粉丝流量如何变现，创造出真正的经济价值，是每家企业都孜孜以求的事。其中电子竞技业的成功变现，给我们提供了一个有益启示。

电子竞技很受年轻一代，尤其是广大男青年的喜爱，是一种具有广泛影响力的大众娱乐方式。一项相关数据显示，近几年的电竞市场一直处于爆发式增长的状态中，其中电竞直播领域则实现了跨越式发展。2014年，诸多电竞直播渠道创造了每日在线人数过千万的壮举。

电竞直播渠道的巨大流量从某种程度上来说，是由知名的电竞主播带来的。这是因为后者具有自己固定的粉丝团，这些粉丝会随着主播的迁移而迁移，从而为渠道带来流量。基于此点认识，电竞播放平台会花费巨资，去签约一个知名主播，以求得到主播背后的流量。例如王思聪成立熊猫直播，招募了大批电竞主播。其根本目的，就是为直播频道创造流量基础。

此外，很多企业为了吸引主播的加入，开始不断提高相应待遇。例如主播除了可以从平台获取签约报酬外，还有另外的盈利方式，就是直播流量变现，而他们的流量变现一般都是通过开网店以及做广告等多种方式来实现的。据知名电子竞技战队皇族的前队长Tabe介绍，他转职成为主播后，收入是职业选手的10倍，可见电竞主播的待遇之丰厚。

总而言之，电竞直播之所以这么受欢迎，其本身所带的流量价值无疑是重中之重。当粉丝流量能够实现有效变现时，企业出于自身的盈利目的考虑，自然会为主播买单。推而广之，其他领域的企业也应重视粉丝流量的巨大作用，以大投入换取大流量，从而达到最优化的传播推广效果，赢取最大利益。

6.5.4 【网易】电商流量“生死劫”

“只要站在风口，猪都能飞起来”雷军总结出的这句话，曾在网络上疯传，也得到了较广泛的认同。可是网易这只想做电商的“猪”，好几次跑到风口，却总是没有实现也“飞起来”的目标，实在是令人唏嘘。

2010年，正是网络团购业务蓬勃发展的时候。网易借着团购的“东风”，推出“团长”，进入团购导航领域，希望这款产品能够成为流量入口。之后几年，网易又相继推出了网易机票、网易尚品、惠惠网和网易保健品等服务项目，并最终在2015年1月上线考拉海购，可谓是一直行走在电商的道路上。然而，除了考拉之外，其他产品大多以失败告终，即使是勉强生存下来的产品，经营情况也极为不善。

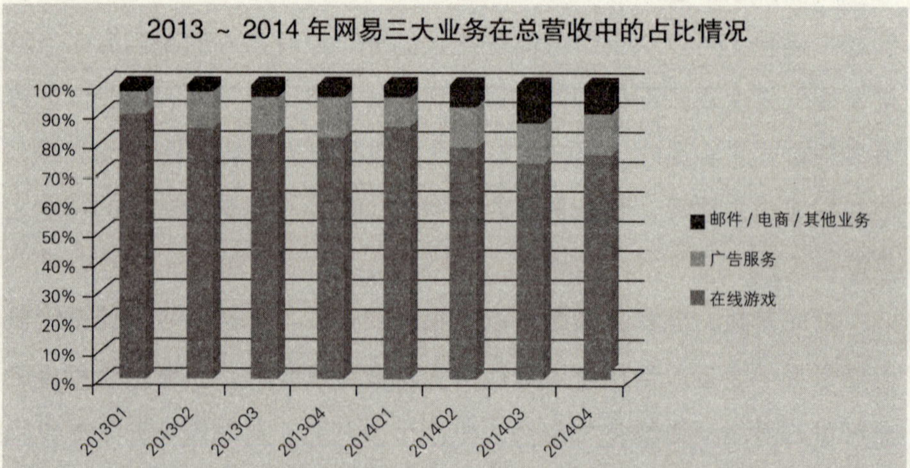

2013 ~ 2014年网易营收构成情况（单位：亿元）

	2013Q1	2013Q2	2013Q3	2013Q4	2014Q1	2014Q2	2014Q3	2014Q4
在线游戏	20	21	21.05	21.09	21.56	23.36	24.6	28.63
广告服务	1.66	2.72	2.99	3.58	2.54	3.89	4.78	4.4
邮件 / 电商 / 其他业务	0.65	0.75	1.1	1.17	1.19	2.26	3.88	3.81

其实这种失败很正常。因为在大众眼中，网易的标签就是邮箱、新闻和游戏，而在网易的主要业务构成中，游戏业务是其收入的主要来源。在很多人看来，电商与网易的特质实在是太过迥异。但是，从近两年的统计数据显示，网易游戏业务的收入占总收入的比例呈下降趋势，而电商业务的比重则呈增长趋势。这又很好地说明了网易对电商的重视程度。因为网易已经认识到，抓着过去的业务不放手，等于在等死。只有适应新时代的发展要求，实现企业向电商平台的转型，

才是唯一的出路。

为此，网易进行了无数次的尝试，虽然大多数都失败了，但是也有成功的例子，那就是考拉海购。它作为网易旗下不多的电商平台，以进口商品特卖为标签，赢得了很多目标用户的支持与认可。考拉海购的CEO张蕾对考拉海购充满信心，认为考拉会因为占据网易的流量优势，实现良好的后续发展。但是，如果经过仔细分析，我们会发现，网易的流量优势虽然存在，但那些流量大多是游戏玩家的虚拟物品的交易数据，并不等同于电商流量。如果网易无法实现流量的成功转化和变现，那么，其电商之路依旧不会顺利。

当然，考拉海购已经为网易的电商业务开了一个好头，也提供了很多成功和失败的经验教训，这些都是网易的宝贵财富。只要网易顺着现有路径发展下去，并做到不断改进自身发展的不足，坚持到底，那么，他向电商转型的目标就一定能够实现。

6.6 平台

平台是什么？这个问题的答案实在是太过多样化，放到互联网的大环境中，平台就是支撑我们达到各种目的的网络跳板。

博客、微博、微信、QQ，这些是社交平台；百度、必应、谷歌，这些是搜索平台；淘宝、天猫、京东、唯品会，这些是电商平台。我们几乎可以通过平台做任何事，比如通过微信和QQ与好友进行互动交流；通过百度进行搜索，了解我们想要了解的一切信息；通过淘宝和天猫进行购物或做生意。

互联网上存在着各种平台，它们尽管特点不一、功能各异，但都能为我们提供有效的帮助，让我们更容易达到自己的目的。我们需要根据自身的情况，合理利用这些资源，从而使这些平台真正做到为我所用。

6.6.1 驱动互联网的主力

互联网时代的到来，不仅改变了传统的商业模式，也改变了传统的企业驱动力。在以往的认识中，传统驱动力的内容包括两种经济，那就是规模经济和范围经济。只要将企业的规模做大，就能实现企业的发展进步。然而，新时代的发展颠覆了传统的驱动力模式，使其具体内容发生了变化，由两种经济变为平台。

对于驱动力内容变化认识最清晰的，无疑是海尔。海尔的发展目标就是融合众多资源，将自己打造成一个平台，让所有的家电产品都变成平台上的智能终端，最后联合成为智慧家庭。它的最终目的，是希望在海尔这个平台上，自主经营的小企业可以与其他组织进行联合，实现双赢的良好效果。

海尔的发展思路无疑说明了一个现实，那就是平台化已经成为当下国际大企业的主流发展模式。但是，若想深入理解平台的内涵，却不是一件很容易的事，现代企业需要准确把握平台的各方面内涵，树立平台化发展的新思维，才能实现自身的平台化转型，做到新形势下的新发展。接下来，笔者将对平台的内涵做一个总结分类，便于大家认识理解。

- **共建**：共建具有三个关键点，分别是多主体、自组织和共建机制。多主体是指平台需要多个主体共同参与；自组织是指平台应该成为一个独立组织的生态圈；共建机制则是指平台应具有开放共建的特点，允许大家一同参与建设
- **共享**：指的是参与者一同使用和开发各类已有资源。包括资本、资产以及生产资料等
- **共赢**：平台必须考虑平衡众多参与者的利益，以多样化的盈利模式，实现共赢的效果
- **开放**：互联网具有极端开放的特点，是最好的平台。与互联网实现结合，可以使平台具备最大化的开放性特点
- **平等**：平台对于每位参与者来说，都是平等的。这是平台能够顺利经营的前提条件

总之，平台化的发展思维，要求现代企业改变以往的“老大思维”和孤立观点，树立联系、开放和平等协商的全新思维模式，只有这样，才能使企业顺应新时代的发展要求，实现自身的发展。

6.6.2 构建平台生态圈

在互联网时代中，单一平台的竞争力是无法与生态圈平台相比较的。例如奇虎360之所以无法撼动BAT三巨头的地位，就是因为百度、阿里巴巴和腾讯都已经靠自身的产品体系，形成了各自的平台生态圈，而360却停留在单一化的网络平台上，没有形成自己成熟的体系。

构建生态圈对于企业和相关参与者都是很重要的，只有当平台发展成为具有一定规模的生态圈时，平台内的所有参与者才能实现互利共赢，这个平台才能够稳定地运营下去。基于这点认识，我们可以说平台之间的竞争，其实就是平台生态圈之间的竞争。

那么，企业构建自身的平台生态圈，又需要完成哪些步骤呢？笔者在此总结出四点。

- 找到人们的需求点，做到有的放矢，以此作为自己立足商界的根本点
- 打造核心优势，让平台具有更大的影响力
- 提供多方位、立体化服务，打造平衡生态圈
- 向具有发展潜力的方向转移，让生态圈变得更稳固

平台生态圈是以某一个平台作为基础，循序渐进打造出来的，它

不可能一蹴而就。所以，这就需要企业保持足够的耐心，对自身的平台进行精雕细琢，满足参与者的所有需求，使其不断实现成长进步，从而形成成熟稳定的生态圈系统。

6.6.3 用好现有平台

中国互联网三巨头BAT都是在2000年前后相继成立的，经过了十多年的发展壮大，才形成了如今的局面，巨头企业尚且如此，可见平台绝非是短期内可以建成的。构建一个成熟的平台，不仅需要很长的构建周期，还要面临超高的失败率以及巨头们的打压。针对这种情况，我们与其费尽心力去构建不知是否能够成功的平台，不如把着眼点放在已有平台上，用好现有平台，这样同样可以实现自身发展。

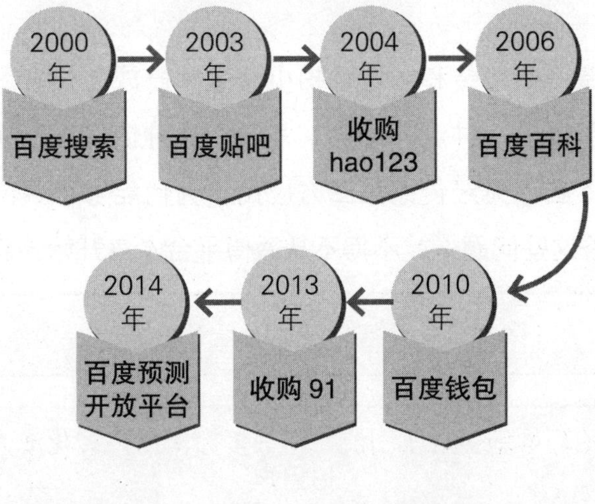

百度建立的初衷是为了方便人们进行网络搜索，腾讯QQ建立的初衷则是为了方便人们的交流互动，它们在发展成为平台之前，最初的目的是满足人们的某种需求。因此，当创业者在开展创业活动时，完全可

以利用现有平台的优势，达到自己服务用户和积累用户的目的。在历经一段时间的发展后，创业者可以通过努力经营，赢得目标用户的广泛认同，在相关领域具备相当的影响力。而这个时候，平台就自然而然地形成了，根本用不着创业者去刻意追求。例如醋溜科技公司就利用QQ空间推广自身的限量级产品，从而赢得了用户的关注，获取了巨大的流量。

其实，被已经打造了成熟平台的巨头们包围，对于创业者来说既有利也有弊。虽然这种情况使他们在竞争中处于劣势，但也方便了他们借力。只要创业者能够合理利用现有平台，做到顺势而为，依然能够在竞争激烈的市场中脱颖而出，找到自己的立足之地。

6.6.4 【秒拍】平台变身短视频流量入口

在新浪微博中上传和浏览秒拍小视频，已成为很多用户的乐趣所在，甚至发展成为一种流行趋势。那么，这种情况的出现到底是为什么？一款原本名不见经传的第三方应用，为何能够积累出如此多的用户？要想回答这些问题，就不得不从微博平台本身开始谈起。

微博是一个媒体属性很强的社交平台

秒拍巧妙地实现了引流，将很多微博用户转化成为秒拍用户

微博红包有效带动了用户间的交流互动，提升了秒拍用户的人数

首先，微博是一个媒体属性很强的社交平台。秒拍借助微博的社交平台优势，率先开启热门话题，成功吸引了大众的关注目光，然后邀请明星或者大V使用秒拍上传视频，并且参与话题讨论。此举引发了很多明星的跟风参与，在明星效应下，众多粉丝也积极加入到分享秒拍视频的行列中，使得使用秒拍的用户人数越来越多。

其次，秒拍巧妙地实现了引流，将很多微博用户转化成为秒拍用户。比如用户如果想参与微博上的#随手拍#或是#卖萌现场#活动，其必要前提就是发布秒拍视频。这种捆绑营销的模式，实现了秒拍的微博引流，为秒拍带来了大量的用户。

最后，微博红包有效带动了用户间的交流互动，提升了秒拍用户的人数。借助春节这一有利的营销契机，微博在与秒拍的合作中，开展了“下秒拍，抢红包”活动，将秒拍产品和抢红包联系起来，利用人们对于抢红包的兴趣，提高了目标用户的活跃度。

总之，秒拍以微博平台为依托，不仅获得了极大的曝光率，还获得了超高的微博用户转化率，成功实现了自身的宣传营销目的。因此，有效借助现有平台的优势，实现自身的发展，才是秒拍能够成功的关键所在。

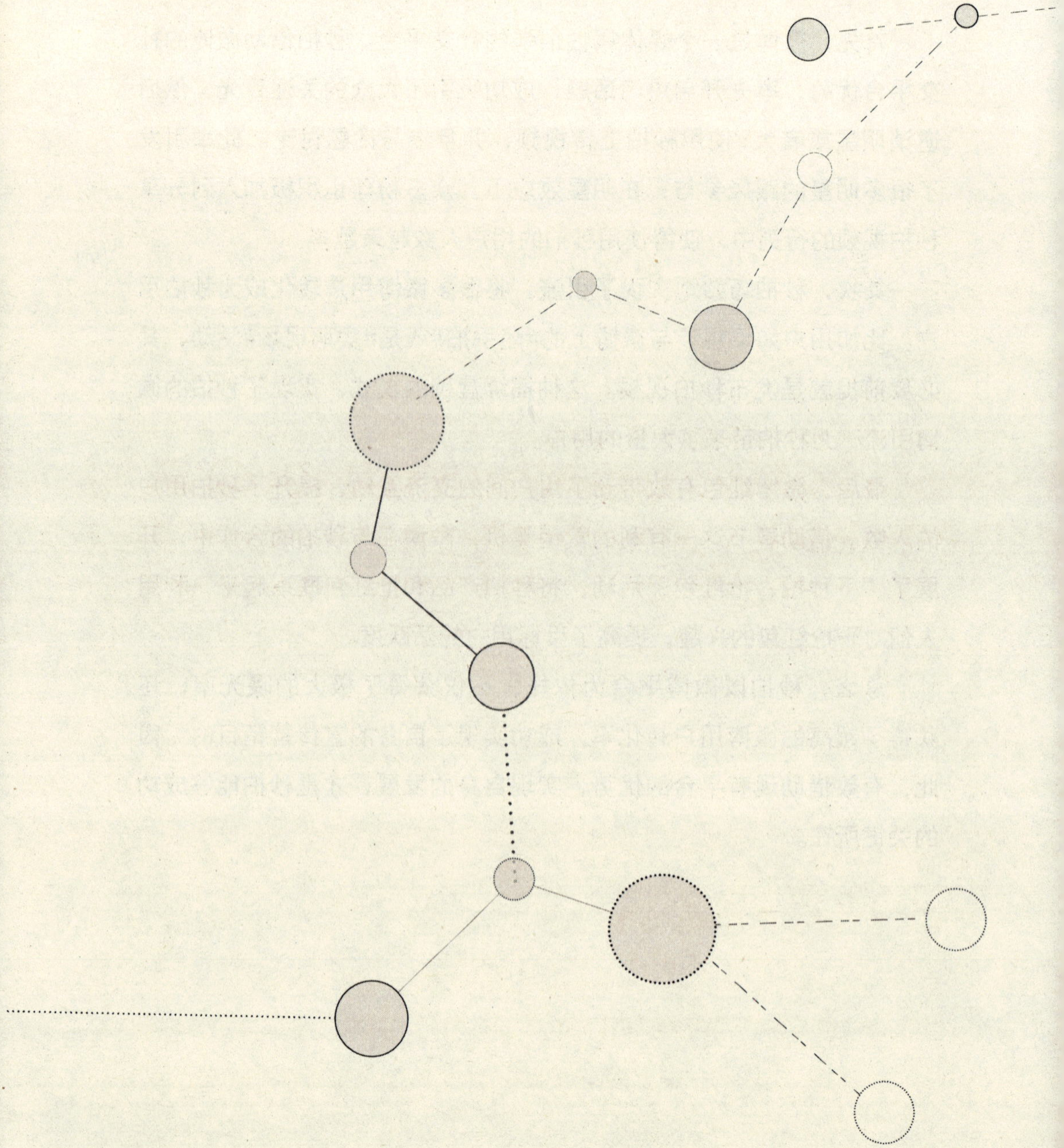

Chapter 7

七种思考——开拓互联网的下一片蓝海

7.1 狂热：互联网思维的“钱”力有多大?

有些人会对自己的现状产生不满情绪，他们认为现有的工作太过平淡乏味，自己付出了很多辛苦却赚取不到应有的报酬。基于上述认识，他们产生了离开工作岗位，自己创业赚钱的念头。而作为当前时代潮流的互联网，无疑为他们提供了一个很好的创业选择。

互联网是一个由无数创新理念集合而成的共同体，其中蕴含着大量的创业机会和赚钱机会，也就是说，互联网的“钱”力无限大。但是，互联网创业者在进入这个行业之后，却体现出两极分化的趋势：有些人赚得盆满钵溢，另一些人却几近于颗粒无收。之所以会产生如此大的差异，其根本原因在于方法的不同。只有当互联网创业者保持理性，采取有效的互联网盈利方法时，才能成功发掘互联网潜力，实现经济创收。

互联网盈利主要分为三种模式。

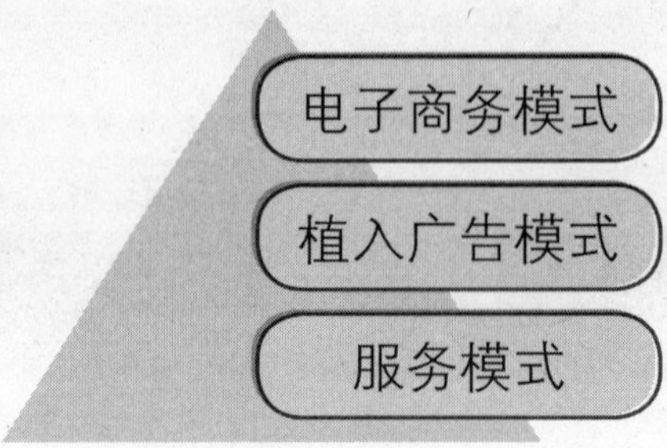

1. 电子商务模式

电子商务是一种对传统商业模式的颠覆，它的核心作用在于拉近企业和企业间，以及企业和个人间的贸易联系，使网上直接交易得以实现。创业者可以通过加入电子商务平台的方式，来达到创业增收的目的。例如淘宝网、天猫网等。这些网站虽然对商家的加入条件存在一定的限制，但从总体上来说，还是能够满足广大互联网创业者的创业需求。另外，建立自己的销售网站也是一种电子商务参与模式。但是这种模式的弊端在于太过被动，只能等待用户的主动进入，在竞争日益激烈的电子商务市场中，很难创造出可观的经济价值。

2. 植入广告模式

植入广告模式是一种很有效的互联网赚钱模式。创业者可以通过建立个人网站，并向商家收取广告费用的方式，来达到自己的盈利目的。需要注意的是，创业者若想以这种模式赚钱，就要使自己的网站具备足够的流量。这样才能获得商家的青睐，使他愿意付出广告费用，将广告投放进去。否则的话，网站只能落入无人问津的境地。

3. 服务模式

这种模式十分常见，是一种通过提供网络服务收取费用的做法，实现盈利目标的经营方式。例如起点中文网某些原创小说的vip章节，就需要用户充值为vip用户，然后进行付费阅读。这就是一种典型的网络服务模式。创业者可以根据自身条件，建立一些提供收费服务的网站，以此来达到获取收益的目的。

互联网中的盈利机会极多，“钱”力巨大，但这些都需要创业者保持理性的思维，培养自己前瞻性的眼光。只有这样，创业者才能做好互联网产品的定位，并最终走向成功。

7.2 浅陋：对互联网思维的误读有多少?

当有限的几个互联网企业开始大肆宣扬互联网思维的时候，传统企业还对这种思维嗤之以鼻。但是，当“互联网+”的概念首次出现在政府的工作报告中时，当李克强总理也在大力提倡互联网创业时，互联网思维就再也不是换了包装的成功学，而是上升到国家战略的高度。传统企业也不得不面对现实，开始把企业的互联网化改造作为核心战略来抓，力求实现新时代下的新发展。

但是，认识到互联网思维的重要性，并不等于将这种思维落到实处。海尔总裁张瑞敏在《21世纪》的采访报道中说道：“传统企业跟传统媒体一样，要改造成一个适应互联网的机制非常困难。”由此可见传统企业的转型之艰巨。虽然很多传统企业声称自己已经按照互联网思维的模式，进行了企业转型工作，然而在实际上，它们的改革更多只停留于表面层次，对互联网思维的本质存在着极大误解。其中传统媒体业就是一个典型的例子。

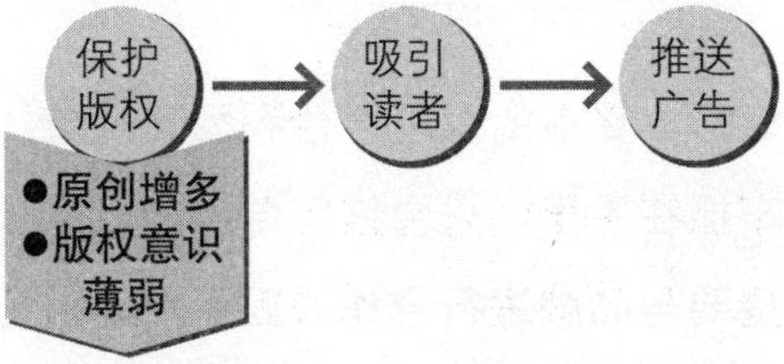

传统媒体业总是痴迷于流量经济思维，并将其主要精力都放在吸引流量上面。虽然互联网思维中也有流量思维的内容，但是互联网思维下的流量思维具有自己的内涵，那就是首先通过免费的服务或产品吸引用户，然后通过增值服务或收取广告费的模式获得盈利。传统媒体的流量经济思维则不然，它的核心内涵在于保护作品版权，通过具有垄断性的版权产品来吸引用户关注浏览，然后再从广告商处获取广告推广费用。但是这个模式有两大缺陷。

这是一个信息过剩的时代，原创内容越来越多，用户不再必须依赖媒体获取信息

中国民众的版权意识很薄弱，同时互联网的出现又加速了信息流通，为盗版的滋生提供了温床，这就使得保护版权或者收取版权费用变得更加困难

所以，流量经济模式其实并不适合于传统媒体，勉强为之只能落得画虎不成反类犬。

那么，互联网思维的核心理念到底是什么呢？对这种思维的正确运用方式又有哪些呢？笔者认为主要有以下几个方面。

1. 开放

只有开放才能形成更多的盈利平台和盈利渠道。敝帚自珍，把所有的盈利机会牢牢抓在手里，只会拖垮自己。以京东为例，尽管他是自营企业，但还是要与品牌进行合作。因为完全自营的缺陷很明显，会导致两个不良后果。

这对于京东来说，都是非常不利的。当下的京东模式，既可以靠丰富的产品吸引用户，又可以通过品牌合作降低成本，减轻自己的压力，可谓是一举两得。

2. 联系

企业需要建立自己与用户的联系切入点，以此来增强产品对用户的粘性。比如微博、微信等社交型产品，其具备最大的用户群优势，信息传播速度更是极快。企业如果能够进入这样的圈子，就可以与用户建立有效联系，从而产生最大化的传播效应。

3. 粉丝经营

随着粉丝经济时代的到来，企业要把粉丝经营作为企业的头等大事，打造粉丝与企业的互动交流平台，加强自身与粉丝间的有效互动。例如小米公司就十分重视粉丝经营，“米粉”不但参与了小米产品的制作环节，而且对产品的诸多运营环节享有发言权，这就使“米粉”的忠诚度得到了有效加强，还对产品的宣传产生了积极影响。

总而言之，只有充分理解互联网思维的内容，做到全面、深刻的互联网化改革，才能使企业真正做到在新时代下的发展壮大。

7.3 荣光：互联网的明天有多远?

互联网的明天到底有多远？这个命题实在太大，而且明天的事情毕竟还未发生，谁又能说得准呢?

鱼儿在水中游，我们在空气中生活，这些事情都是很平常的。鱼儿从来没有注意过水，我们也从来没有关注过空气。但是当有这么一天：鱼儿离开了水，我们离开了空气，结局是注定的，那就是窒息和死亡。

互联网思维就像水和空气一样，从未被人们注意过，却已然悄悄潜入人们的生活。我们购物时不再去零售店，而是找淘宝；我们交流时不再打电话，而是发微信；我们想了解时事时不再买报纸，而是浏览腾讯新闻。这一切的发生都是潜移默化的，但确实改变了整个社会，并对人们的世界观和价值观产生了深远影响。试想一下，如果互联网忽然离我们而去，我们又会如何呢？电脑只能用来玩单机游戏和编辑文字，手机只能用来打电话和发短信，那种情况对于我们的生活来说，无异于窒息和死亡。

互联网思维的发生其实是有预兆的，那就是旧时代的轰然倒塌和新时代的崛起。2013年9月3日，微软宣布收购诺基亚。这并不只是一宗普通的收购案，而是预示着一个时代的终结。从此以后，我们再也看不到那款伴随我们长大的诺基亚了，这无疑是让人无比惋惜的一件事。但是仔细想来，诺基亚的逝去又有其必然性，显得理所应当。因为就在诺基亚倒下之前，智能手机的崛起已经成为大势所趋，陈旧僵化的诺基亚手机在这种新形势下，当然就只剩下了被淘汰的命运。诺基亚事件只是互联网大变革中的一个具体案例，其他的例子还有很多，比如天猫和京东对国美电器的颠覆，360免费杀毒对卡巴斯基、瑞星杀毒的颠覆等。这些事例无不表明一个事实，那就是互联网时代到来了！

马云曾经对旧时代和新时代有过一段很精彩的论述："这个时代已经不属于李嘉诚，尽管在他的那个时代，他已经干得很不错。不是马化腾的企鹅厉害，我马云更没有什么，而是时代厉害，我们只是顺应了时代的潮流！"这段话的意思其实只有一个，那就是顺势而为。

未来是不可预测的，但是当下却可以被我们把握。如果我们能够认清现实，就会发现未来的发展是有迹可循的，它其实就在顺着我们脚下的路，绵延至远方。马云在十几年前，不可能会预测到淘宝会如此成功；马化腾在十几年前，更不可能预测到企鹅帝国的建立。他们只是认清了他们那个时代的发展现状，挖掘到了当时人们的需要但还没有出现的事物，所以才有了阿里巴巴和腾讯的成功。

那么再回到开篇的问题上，互联网的明天有多远？其实一点都不远，因为它就在我们的脚下。只要我们看清路途，顺势而为，就一定能够在互联网飞速发展的大时代中，抵达成功的彼岸。

7.4 思辨：大数据的摧毁力有多强？

随着互联网的飞速发展和信息流通速度的加快，互联网数据也呈现出爆炸性增长的态势。而当数据积累到一定量时，它的价值就开始显现出来。在如今这个时代，我们完全可以通过对数据的汇聚和挖掘，来发现有效信息，从而使它对我们产生价值。

2010年以前，甲骨文、微软、谷歌等大企业就开始了对大数据的分析和挖掘，他们专门雇佣了一些数据管理分析公司为它们服务，做到了企业与大数据的紧密结合。此外，数据管理分析产业的市值更是在2010年超过了1000亿美元。但是，大数据真正进入我们视线是在2012年发生的一件大事之后。当时美国的奥巴马政府大力提倡大数据的研究，在6个部门展开了84项大数据计划，以解决政府的各类问题。这无疑使大数据的地位上升到了一个新的高度。

虽然大数据已经成为一个热门话题，但是除了互联网企业，其他的传统企业对大数据依然抱有一种陌生感，甚至觉得它与企业的发展毫无关联。然而，很多互联网行业成功应用大数据的案例，已经开始证明大数据的价值，使得传统企业不得不改变以往的看法，探索企业与大数据的有效结合途径。

在这个过程中，传统企业建立了数据分析体系，但其中的大部分内容是销售业绩、增长率和库存状况等结果型分析，对公司运营和用户沟通等实际问题却没有太多帮助。国际知名的IT研究公司，高德纳咨询公司的管理人员认为，大数据有三个特点，分别为量（Volume，数据大小）、速（Velocity，数据输入输出的速度）与多变（Variety，多样性）。传统企业对大数据的应用太过片面和僵化，无法满足上述特点中“速”与“多变”的要求。

用 3 维描述大数据的 3V 模型

速度（Velocity、数据发生频率）

在成批处理（批处理）过程中立即进行数据处理（实时处理），增加数据发生频率。

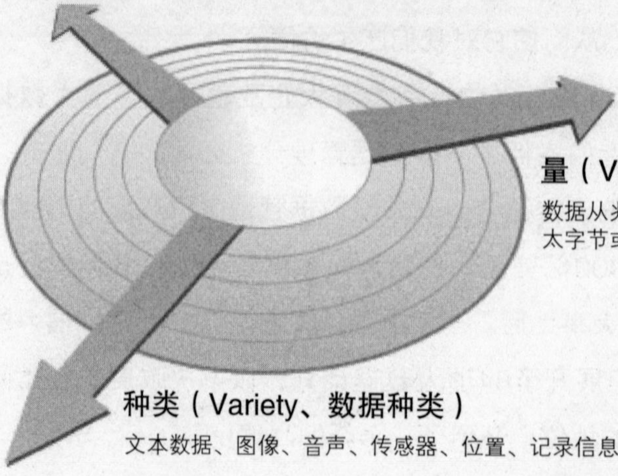

量（Volume、数据量）

数据从兆字节级增大到太字节或拍字节级。

种类（Variety、数据种类）

文本数据、图像、音声、传感器、位置、记录信息等数据的多样化。

（提供：Industrial Ethernet Book）

那么，传统企业到底应该怎样做，才能正确应用大数据呢？笔者认为关键在于以下几个方面。

分析用户　企业需要对用户的类别、流量、购买频率进行分析，并从中得出用户的具体喜好、忠诚度以及流失的可能性。以此为出发点，企业才能做出最合适的改进措施

分析产品　这是将有效客户作为基本着眼点的分析。通过对产品的属性定位和用户需求的分析，再联系企业自身的生产水平、库存容量以及流通渠道种类，可以做到对产品的有效开发

分析价格　客户在面对不同价位的产品时，会产生不同的成交概率。企业若能有效分析这些数据，就可以对产品价格进行最优化的具体定位

分析营销　企业可以通过对不同时段的交易记录、客户反馈等数据的分析，确立自己的淡旺季的定价方法、新产品导入时机，以及旧产品消化策略等营销战略，做到有备而战

企业首先要对大数据做到充分的重视，然后在数据的收集和分析上把握有效的方法，让这些数据能够切实解决实际问题，这样才能最终实现大数据的价值。

7.5 契机：物联网爆发带来多少新商机？

也许很多人并不清楚物联网到底是什么，但是喜爱看综艺节目的人们应该了解林志颖的科技之家，其中有很多家用设备都可以通过远程终端进行控制，这就属于物联网应用的范畴。有些人可能据此认为，物联网只是明星、富豪等大人物才可以享受的，它的大众化应用还是很遥远的事。但是实际上，大部分人已经生活在物联网的环境中了，比如我们用智能手机做汽车导航时，应用的就是物联网原理。

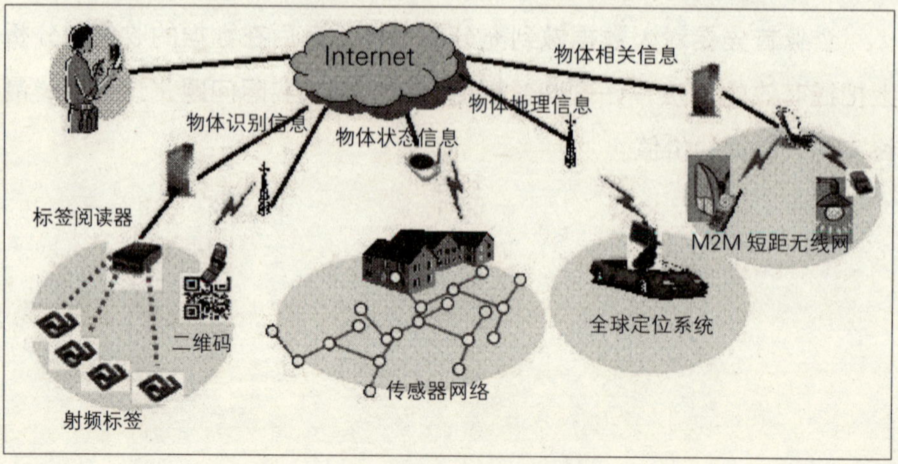

以前，用户在上网时需要点击链接或按钮，以便在不同的界面进

行切换。当时的人机交互行为是用户为了获得信息而有意进行的，于是用户的某些应用习惯和规律是通过主动的方式，提供到网络数据库上。但是物联网却实现了人机的无意识交互，使得整个场景的传感器都能感知用户的行为，根据用户所处的时间和上一个行为，预测他将来的行为，并为他即将发生的行为提前做好准备。

利用互联网进行数据分析是物联网得以实现的核心和基础。物联网是通过射频识别、红外感应、全球定位、激光扫描等传感技术和设备，以互联网为中心，把所有事物和网络连接起来，实现物与物、物与网之间的信息交流，使物品具有识别、定位、跟踪和监控等功能，并由互联网作为中心控制的网络。换句话说，物联网其实就是互联网的有机组成部分，它对整个社会产生了极为深远的影响。

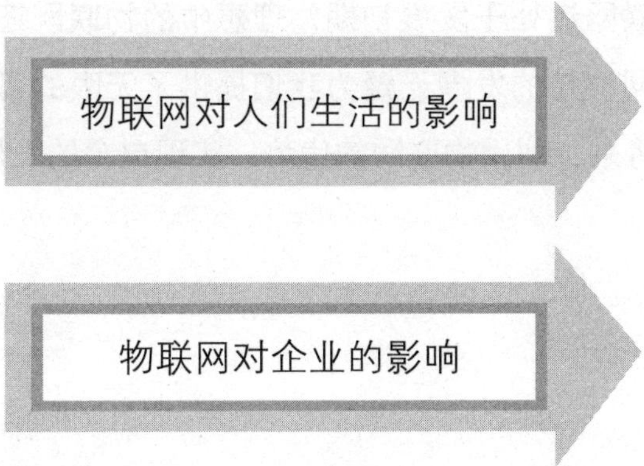

1. 物联网对人们生活的影响

物联网能够预测我们的行为，是因为它收集并分析了我们的大量信息。在这方面，Google now这款产品已经显现出物联网的功能。它不但可以收集用户的联系人、浏览记录、地理位置和时间等信息，而且可以对这些数据进行分析，为用户提供相应的服务。比如在12点这个很多人吃饭的时间，它可以记录用户所处的地理位置，分析那些位置的餐厅特点，准备好下一次为用户推荐其可能喜欢的餐厅。

2. 物联网对企业的影响

物联网改变的不仅是人们的生活，还有企业的营销模式。用户在物联网这个网络中所进行的任何行为，都可以被反馈到企业那里。比如一辆进入物联网环境中的车，当这辆车出现故障时，物联网可以为用户推荐附近的维修点，维修站可以借机推销产品；当这辆车需要被转手卖掉或淘汰时，汽车厂商可以通过物联网的反馈及时为用户推荐新车，从而做到精准营销。

当然，还有很多物联网应用的美好场景处在人们的幻想之中。比如上文提到的科技之家，其明显还处于人工控制的低级阶段。这从一个侧面表示物联网还处于发展初期，理想中的物联网还有很长的路要走。但是互联网科技的发展无疑为我们提供了无限的可能，我们完全可以在不远的将来，利用物联网的优势，实现自身的发展。

7.6 改变：移动互联网颠覆了什么？

起初，人们只是把移动互联网看作是互联网的一种延伸。因此，各种PC端的功能都会改头换面，同步到手机端上去。但是随着用户群的不断分化，人们开始意识到，移动互联网和互联网其实具有很大差异性。这种差异性主要体现在：

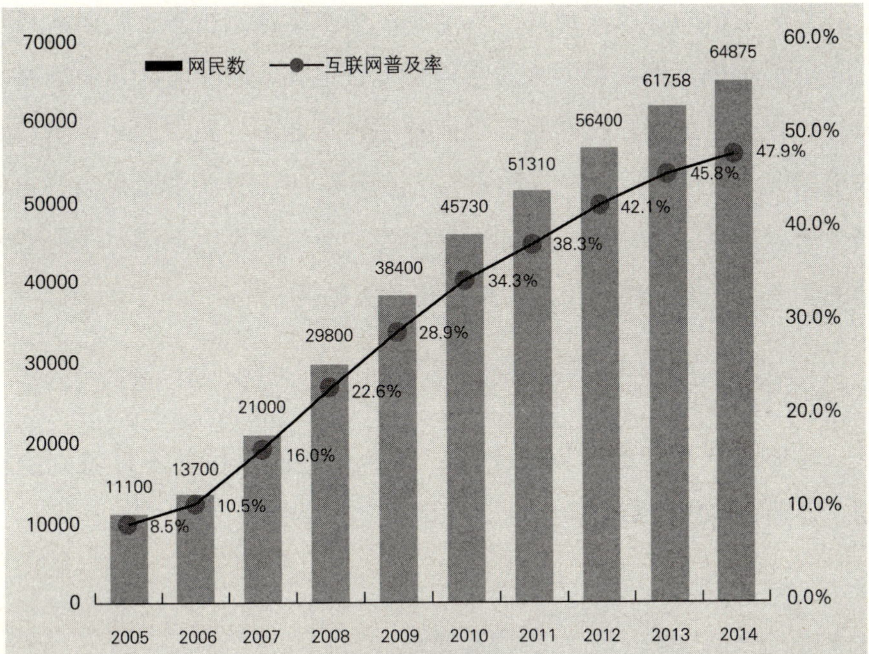

电脑普及率

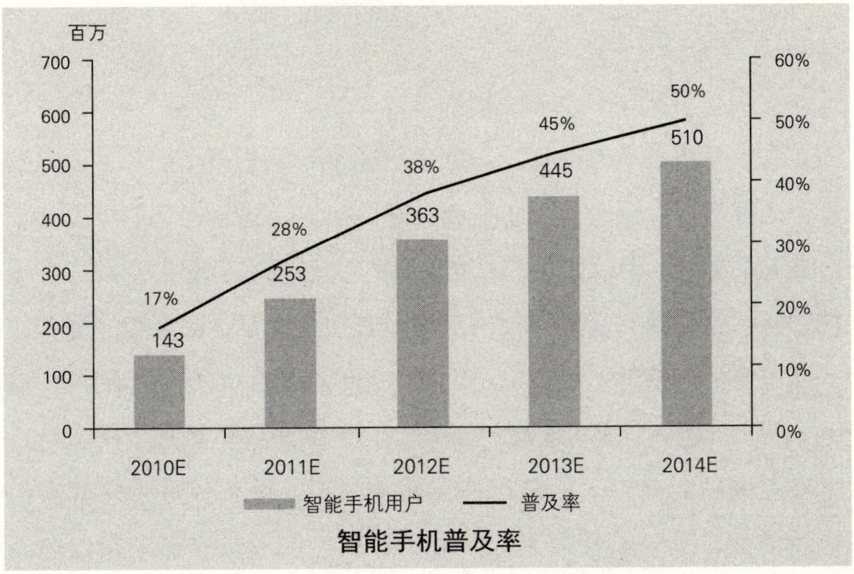

智能手机普及率

1. 用户人群

智能手机的普及率要比个人电脑的普及率高出很多，很多人可能会有多部手机，但大部分人通常只有一台电脑，甚至有人没有电脑。另外，很多电脑用户在网络出现问题后，可能不会更改网络设置和修改电脑IP，但是手机用户只需要点击流量和Wi-Fi开关键就可以开启网络。所以，尽管互联网比移动互联网的功能更强大，然而出于方便快捷的考虑，大部分用户还是会选择移动互联网。

2. 用户体验

在移动互联网时代到来之前，用户体验的地位并不是特别的重要。但是在智能手机出现之后，其重要性却是愈发凸显。

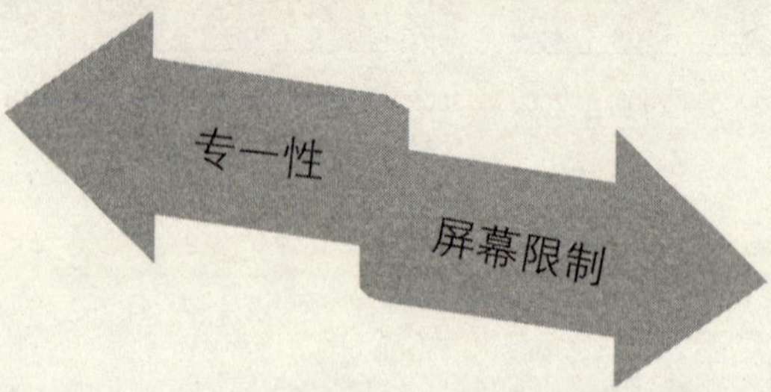

首先，手机具有专一性，一款手机通常专属于一个用户；而电脑，除了个人拥有外，还有属于企业和网吧的电脑，这就在无形中提高了用户对体验的要求。其次，手机的屏幕太小，若想在有限的空间里实现必要的功能，就需要产品足够精简，细节必须要抓好；而电脑的屏幕比较大，所以更强调整体上的布局。因此，移动互联网要想抓牢用户，就需要做好用户体验，这样才能使产品与用户的联系变得更加紧密。

在互联网时代，人们若想使用网络联系，就要保证用户双方都坐在电脑前面，其限制性较大，所以导致人们的日常交流还是以电话和短信为主。但是，随着移动互联网时代的到来，用户的“全天上线”成为可能，这不但给用户之间的联系带来了极大的便利，更是颠覆了以往的联系模式和社交模式。

但是，移动互联网所带来的颠覆并不只限于社交层面，随着微商等移动电商的兴起，移动互联网同样给传统的电子商务模式带来了很大冲击，甚至促使新一轮改革潮和颠覆潮的兴起。基于此项认知，我们需要充分认识到移动互联网的重要性，并把握住它带来的新商机。只有这样，我们才能在大时代的背景下，做到游刃有余。

7.7 预言：下一场革命从何开始?

在人类的发展历程中，出现过三次工业革命，分别是以蒸汽机为代表的第一次工业革命，以电力技术为代表的第二次工业革命，以原子能、信息技术、空间技术以及生物技术为代表的第三次工业革命。

我们对工业革命的认识标准是，是否能对现有的生产关系产生极大颠覆，并促使现有生产力实现跨越式发展。以这个标准为出发点，互联网已经具备了工业革命的某些因子。

举例来说，互联网带来的电子商务模式颠覆了传统的商务模式，使厂家与消费者的直接交流成为可能，减少了中间环节的损耗，极大地提升了产品运营效率；移动互联网带来的社交分享模式则改变了人们以往的互动交流观念，实现了随时随地的互动交流；互联网带来的大数据则颠覆了之前的信息收集模式，使人们可以随时掌握最丰富、全面的数据信息，彻底消弭了社会上的信息不平等现象。这些例子无疑告诉人们，互联网已经颠覆了人们以往的生活方式和思维理念，开始成为时代的潮流。

互联网及其衍生技术的发展为我们提供了无限的可能性，而且这些技术都有可能成为第四次工业革命的起点。例如3D打印技术的发展，就为社会各领域提供了更多的创新选择。现在我们在对3D打印技术的应用，往往还局限在制造业的范畴，但是在未来的某一时间，任何工具和用具都有可能被成功复制出来，这将会对社会中的很多行业产生不可思议的冲击力。我们的想象可以再大胆一些，人体组织器官，还有人类本身，能够被复制吗？如果答案是肯定的话，那么其影响无疑超过了火星撞地球。

其实人们对互联网的革命性发展早有预测。有人称智能手机会向折叠趋势发展，在其折叠之后，可以被人握在掌心中，当其完全铺展开来，则可以达到电影屏幕那么大，而且完全可以做到自由调节屏幕大小，而且不会影响屏幕清晰度；有人称智能手机之后，智能手表和智能眼镜也会相继到来。它们无疑具有更小巧、更便于携带的优势，会对我们的生活产生又一次的颠覆。千万不要以为这些只是幻想，像是现在广告中出现的儿童电话手表，就已经显露出某些未来发展的端倪。

当然，上述论述都是一些还未出现或者远未成熟的未来化预测，其中有很多技术难题和其他难题亟需解决。但是，我们不能认为那些论述离我们还很远，因为科学技术的发展是永不止歇的，古人无法想象的汽车、飞机，都已经成为现代大众化的工具。所以，我们完全可以耐心等待，期待互联网革命的真正到来。